Pietro Elia

I VERBI ITALIANI

EDIZIONI SCOLASTICHE BRUNO MONDADORI

INDICE

PREMESSA

Questo volumetto è sorto dalla necessità di dare, a chi si accinge allo studio della lingua italiana, uno strumento che favorisca l'apprendimento rapido, e il più compiutamente possibile dei verbi italiani.

Tutte le grammatiche, mentre presentano nei prospetti esemplificativi i modelli dei verbi regolari, si limitano a registrare soltanto alcune voci dei verbi irregolari. Per pratica, posso invece affermare che la citazione di quelle sole voci non è sufficiente a mettere in grado uno straniero d'impadronirsi del meccanismo della coniugazione irregolare. Quindi, lo scopo precipuo di questa pubblicazione non è tanto quello di voler mostrare ciò che si trova in altri testi, quanto quello di voler presentare, nella coniugazione dei tempi semplici, i prospetti dei verbi irregolari.

Tra questi ho scelto i più noti, una novantina in tutto, da servire come modelli a circa altri cinquecento verbi.

Ma perché il libro risponda veramente allo scopo, cui è destinato, è necessario che esso diventi cosa « viva » nelle mani dell'insegnante e del discente, quindi non testo di consultazione, ma di studio.

Tra i verbi che più spesso ricorrono, agli inizi dell'insegnamento della lingua italiana, sono da annoverare gli irregolari LEGGERE, SCRIVERE, PRENDERE, VEDERE, RISPONDERE, ecc., usati, in un primo tempo, alla seconda persona singolare e plurale dell'imperativo: leggi, leggete, scrivi, scrivete, ecc. In seguito, quando dall'imperativo si passerà agli altri « modi », sia l'insegnante che il discente se ne agevoleranno nel loro lavoro per il fatto di trovare tali verbi coniugati nei paradigmi del libro.

Ammesso poi che l'immagine e il suono, nello studio di una lingua straniera, sono di somma efficacia, nulla quanto la lettura ad alta voce, fatta sul testo a più riprese, e seguita da tempestive ed opportune osservazioni, varrà a facilitare l'apprendimento dei verbi.

Intesa così, la presente pubblicazione potrà riuscire un valido ausilio didattico, capace di contribuire, affiancato ad altri testi, alla diffusione della lingua italiana all'Estero.

P. E.

INTRODUZIONE

Il verbo è la parte variabile del discorso che indica lo *stato* o l'*azione* del soggetto. Può essere di due specie: *copulativo* e *predicativo*. Il verbo copulativo è quello che unisce il soggetto al predicato nominale, espresso da un sostantivo o un aggettivo che lo segue immediatamente: Cesare *fu imperatore*; La luna *è rotonda*. Il verbo predicativo è quello che esprime l'azione del soggetto: L'uccello *canta*.

Il verbo predicativo è *transitivo* quando l'azione fatta dal soggetto passa su un'altra persona, animale o cosa, espressi da un *complemento oggetto* o *diretto*. Tale complemento è necessario per esprimere compiutamente il nostro pensiero. Il sostantivo indicante l'*oggetto* può essere solo o preceduto da un articolo. Es.: Il leone mangia *carne*; Il contadino coltiva *il campo*; Il babbo scrive *una lettera*; La domestica compera *del pane*.

Il verbo predicativo è *intransitivo* quando l'azione fatta dal soggetto rimane compiuta nel verbo stesso, non ha bisogno, cioè, di un complemento oggetto o diretto per chiarire il pensiero che vuole esprimere. Es.: Il cavallo *corre*. Tutt'al più può essere seguito da un complemento *indiretto*, espresso da un sostantivo preceduto generalmente da una preposizione. Es.: Lo scolaro va *a scuola*; Il babbo torna *dall'ufficio*.

Il verbo transitivo può avere la forma *attiva, passiva* e *riflessiva*. Attiva, quando il soggetto compie l'azione espressa dal verbo: *La mamma lavà il bambino*; passiva, quando il soggetto riceve l'azione: *Il bambino è lavato dalla mamma*; riflessiva, quando l'azione ricade sul soggetto e il soggetto e l'oggetto sono la medesima persona: *Il bambino si lava* (= *Il bambino lava se stesso*).

Nella forma riflessiva il verbo è preceduto o seguito dalle particelle pronominali *mi, ti, si, ci, vi* che hanno funzione di complemento oggetto. Es.: *Mi lavo, ti lavi, si lava, ci laviamo, vi lavate, si lavano, lavati, lavatevi*, ecc. (= lavo *me*, lavi *te*, ecc.). Quando però queste forme sono seguite da un complemento oggetto, la particella pronominale ha valore di complemento di termine. Es.: Mi lavo *la faccia* (= lavo la faccia *a me*). È questa una forma riflessiva *apparente*. Vi è pure forma apparente quando l'azione è fatta e subita da due o più soggetti. Es.: Con l'amico *ci* parlammo a lungo (= io parlai a lungo con l'amico e l'amico parlò a lungo con me); I fratelli *si abbracciarono* (= i fratelli si abbracciarono l'un l'altro). Questa forma si dice *reciproca*.

Il verbo intransitivo non ha né la forma passiva, né quella riflessiva. I verbi intransitivi accompagnati dalle particelle pronominali *mi, ti, si, ci, vi* si chiamano intransitivi pronominali: *Mi pento* di essere andato.

Nel verbo (es.: PARLARE, TEMERE, SENTIRE) bisogna distinguere la *radice* o *tema* (PARL-, TEM-, SENT-), che è la parte invariabile, e la *desinenza* (-ARE, -ERE, -IRE) che varia. L'insieme delle variazioni costituisce la *coniugazione* o *flessione* del verbo. Es.: Parl-*o*, parl-*i*, parl-*a*, parl-*iamo*, parl-*ate*, parl-*ano*. Ciò avviene nei verbi regolari, mentre in quasi tutti gl'irregolari oltre che la desinenza varia anche la radice. Es.: *Dev*-o, *dev*-i, *dev*-e, *dobb*-iamo, *dov*-ete, *dev*-ono.

Il verbo varia secondo il *modo*, il *tempo*, la *persona* e il *numero*.

I modi sono sette, di cui quattro *definiti* e tre *indefiniti*. I modi definiti sono: *indicativo, congiuntivo, condizionale* e *imperativo*; gli indefiniti: *infinito, participio* e *gerundio*.

I tempi, a seconda della loro formazione, si suddividono in *semplici* e *composti*. I tempi semplici – *presente, imperfetto, passato remoto, futuro semplice* – constano di una sola voce: Io *mangio*; Il cavallo *correva*; Il cane *abbaiò*; Il babbo *partirà*. I tempi composti – *passato, passato prossimo, trapassato prossimo, trapassato remoto, futuro anteriore* – risultano formati dal participio passato preceduto dalle voci dei verbi *essere* e *avere*, usati come ausiliari: Io *ho mangiato*; Il cavallo *aveva corso*; Il cane *ebbe abbaiato*; Il babbo *sarà partito*.

Per la formazione dei tempi composti i verbi transitivi vogliono l'ausiliare *avere* nella forma *attiva* e l'ausiliare *essere* in quella *passiva* e *riflessiva*. I verbi intransitivi, invece, richiedono o l'ausiliare *avere* o *essere*.

I verbi ESSERE e AVERE, che, oltre ad essere usati come ausiliari, hanno anche il loro specifico significato di « esistere » e « possedere », hanno una coniugazione tutta particolare.

Tutti gli altri verbi si raggruppano in tre coniugazioni.

I verbi che all'infinito presente terminano in -ARE appartengono alla *prima coniugazione*, quelli in -ERE alla *seconda* e quelli in -IRE alla *terza*. Vi sono tuttavia alcuni verbi che, pur terminando in -ARE, -ARRE, -IRE, -ORRE, -URRE, appartengono alla seconda coniugazione: *fare, trarre, dire, condurre*, ecc. perché provengono dagli antichi verbi *facere, trahere, dicere, ponere, conducere*. La desinenza dei verbi riflessivi, al presente dell'infinito, è in -ARSI, -ERSI, -IRSI: *lavarsi, credersi, sentirsi*.

In questo volumetto sono presentati:

a) I verbi ESSERE e AVERE coniugati in tutti i tempi;

b) I verbi regolari PARLARE, TEMERE, SENTIRE e CAPIRE, rispettivamente della prima, seconda e terza coniugazione (quest'ultima comprende due gruppi di verbi); il verbo LAVARE nelle forme attiva, passiva e riflessiva e i verbi in -CARE, -GARE, -CIARE, -GIARE e -IARE, coniugati in tutti i tempi;

c) Novanta verbi modello irregolari delle tre coniugazioni, di cui tre della prima, settantanove della seconda e otto della terza, coniugati nei tempi semplici. Per la formazione dei tempi composti sono indicati il participio passato e l'ausiliare richiesto;

d) Note sulla terza coniugazione;

e) Un elenco dei verbi impersonali;

f) Un elenco dei verbi difettivi;

g) Un indice-elenco dei verbi trattati.

Nella coniugazione dei verbi regolari e irregolari sono stati tralasciati i *pronomi personali*, che precedono le voci verbali di tutti i tempi, perché nella lingua italiana non sono indispensabili, e la congiunzione *che* del congiuntivo. Per l'uso dei medesimi vedere la coniugazione dei verbi ausiliari.

Per l'esatta pronunzia delle parole sdrucciole e bisdrucciole è stato adoperato uno speciale sistema di accentatura che consiste in un *puntino segnato sotto la vocale della sillaba tonica sulla quale si deve posare la voce nella pronunzia della parola.*

ABBREVIAZIONI

Ausil.	= Ausiliare		Inf.	= Infinito
Av.	= Avere		Intr.	= Intransitivo
Congiunt.	= Congiuntivo		Part.	= Participio
Ess.	= Essere		Partic.	= Participio
Ger.	= Gerundio		Pass.	= Passato
Imper.	= Imperativo		Pr.	= Presente
Imperf.	= Imperfetto		Rifl.	= Riflessivo
Indicat.	= Indicativo		Tr.	= Transitivo

VERBI AUSILIARI

■ ẸSSERE

INDICATIVO ——————————

Presente

io sono
tu sei
egli è

noi siamo
voi siete
essi sono

Passato prọssimo

io sono ⎫
tu sei ⎬ stato (a)
egli è ⎭

noi siamo ⎫
voi siete ⎬ stati (e)
essi sono ⎭

Imperfetto

io ero
tu eri
egli era

noi eravamo
voi eravate
essi ẹrano

Trapassato prọssimo

io ero ⎫
tu eri ⎬ stato (a)
egli era ⎭

noi eravamo ⎫
voi eravate ⎬ stati (e)
essi ẹrano ⎭

Passato remoto

io fụi
tu fosti
egli fu

noi fummo
voi foste
essi fụrono

Trapassato remoto

io fụi ⎫
tu fosti ⎬ stato (a)
egli fu ⎭

noi fummo ⎫
voi foste ⎬ stati (e)
essi fụrono ⎭

Futuro sẹmplice

io sarò
tu sarai
egli sarà

noi saremo
voi sarete
essi saranno

Futuro anteriore

io sarò ⎫
tu sarai ⎬ stato (a)
egli sarà ⎭

noi saremo ⎫
voi sarete ⎬ stati (e)
essi saranno ⎭

■ AVERE

INDICATIVO ——————————

Presente

io ho
tu hai
egli ha

noi abbiamo
voi avete
essi hanno

Passato prọssimo

io ho ⎫
tu hai ⎪
egli ha ⎬ avuto
noi abbiamo ⎪
voi avete ⎪
essi hanno ⎭

Imperfetto

io avevo
tu avevi
egli aveva

noi avevamo
voi avevate
essi avẹvano

Trapassato prọssimo

io avevo ⎫
tu avevi ⎪
egli aveva ⎬ avuto
noi avevamo ⎪
voi avevate ⎪
essi avẹvano ⎭

Passato remoto

io ebbi
tu avesti
egli ebbe

noi avemmo
voi aveste
essi ẹbbero

Trapassato remoto

io ebbi ⎫
tu avesti ⎪
egli ebbe ⎬ avuto
noi avemmo ⎪
voi aveste ⎪
essi ẹbbero ⎭

Futuro sẹmplice

io avrò
tu avrai
egli avrà

noi avremo
voi avrete
essi avranno

Futuro anteriore

io avrò ⎫
tu avrai ⎪
egli avrà ⎬ avuto
noi avremo ⎪
voi avrete ⎪
essi avranno ⎭

CONGIUNTIVO

Presente	Passato	
che io sia	che io sia	
» tu sia	» tu sia	} stato (a)
» egli sia	» egli sia	
» noi siamo	» noi siamo	
» voi siate	» voi siate	} stati (e)
» essi siano	» essi siano	

CONGIUNTIVO

Presente	Passato	
che io abbia	che io abbia	
» tu abbia	» tu abbia	
» egli abbia	» egli abbia	
» noi abbiamo	» noi abbiamo	} avuto
» voi abbiate	» voi abbiate	
» essi abbiano	» essi abbiano	

Imperfetto	Trapassato	
che io fossi	che io fossi	
» tu fossi	» tu fossi	} stato (a)
» egli fosse	» egli fosse	
» noi fossimo	» noi fossimo	
» voi foste	» voi foste	} stati (e)
» essi fossero	» essi fossero	

Imperfetto	Trapassato	
che io avessi	che io avessi	
» tu avessi	» tu avessi	
» egli avesse	» egli avesse	
» noi avessimo	» noi avessimo	} avuto
» voi aveste	» voi aveste	
» essi avessero	» essi avessero	

CONDIZIONALE

Presente	Passato	
io sarei	io sarei	
tu saresti	tu saresti	} stato (a)
egli sarebbe	egli sarebbe	
noi saremmo	noi saremmo	
voi sareste	voi sareste	} stati (e)
essi sarebbero	essi sarebbero	

CONDIZIONALE

Presente	Passato	
io avrei	io avrei	
tu avresti	tu avresti	
egli avrebbe	egli avrebbe	
noi avremmo	noi avremmo	} avuto
voi avreste	voi avreste	
essi avrebbero	essi avrebbero	

IMPERATIVO

Presente

———
sii
sia

siamo
siate
siano

INFINITO

Pres.: essere
Pass.: essere stato

PARTICIPIO

Pres.: ———
Pass.: stato

GERUNDIO

Pres.: essendo
Pass.: essendo stato

IMPERATIVO

Presente

———
abbi
abbia

abbiamo
abbiate
abbiano

INFINITO

Pres.: avere
Pass.: avere avuto

PARTICIPIO

Pres.: avente
Pass.: avuto

GERUNDIO

Pres.: avendo
Pass.: avendo avuto

Si coniuga come **Avere:**
Riavere (AV.)

VERBI REGOLARI

PRIMA CONIUGAZIONE

■ PARLARE

INDICATIVO ——————————— CONGIUNTIVO ———————————

Presente	Passato prossimo	Presente	Passato
parl o	ho	parl i	abbia
parl i	hai	parl i	abbia
parl a	ha	parl i	abbia
parl iamo	abbiamo *(parlato)*	parl iamo	abbiamo *(parlato)*
parl ate	avete	parl iate	abbiate
parl ano	hanno	parl ino	abbiano

Imperfetto	Trapassato prossimo	Imperfetto	Trapassato
parl avo	avevo	parl assi	avessi
parl avi	avevi	parl assi	avessi
parl ava	aveva	parl asse	avesse
parl avamo	avevamo *(parlato)*	parl assimo	avessimo *(parlato)*
parl avate	avevate	parl aste	aveste
parl avano	avevano	parl assero	avessero

CONDIZIONALE ———————————

Passato remoto	Trapassato remoto	Presente	Passato
parl ai	ebbi	parl erei	avrei
parl asti	avesti	parl eresti	avresti
parl ò	ebbe	parl erebbe	avrebbe
parl ammo	avemmo *(parlato)*	parl eremmo	avremmo *(parlato)*
parl aste	aveste	parl ereste	avreste
parl arono	ebbero	parl erebbero	avrebbero

IMPERATIVO —— INFINITO ———————————

Futuro semplice	Futuro anteriore	Presente	
parl erò	avrò	———	**Pres.:** parl are
parl erai	avrai		**Pass.:** avere parlato
parl erà	avrà	parl a	
		parl i	**PARTICIPIO** ———————
parl eremo	avremo *(parlato)*	parl iamo	**Pres.:** parl ante
parl erete	avrete	parl ate	**Pass.:** parl ato
parl eranno	avranno	parl ino	

GERUNDIO ———————————

Pres.: parl ando
Pass.: avendo parlato

SECONDA CONIUGAZIONE

■ TEMERE

Presente	Passato prossimo		Presente	Passato	
tem o	ho		tem a	abbia	
tem i	hai		tem a	abbia	
tem e	ha	temuto	tem a	abbia	temuto
tem iamo	abbiamo		tem iamo	abbiamo	
tem ete	avete		tem iate	abbiate	
tem ono	hanno		tem ano	abbiano	

Imperfetto	Trapassato prossimo		Imperfetto	Trapassato	
tem evo	avevo		tem essi	avessi	
tem evi	avevi		tem essi	avessi	
tem eva	aveva	temuto	tem esse	avesse	temuto
tem evamo	avevamo		tem essimo	avessimo	
tem evate	avevate		tem este	aveste	
tem evano	avevano		tem essero	avessero	

CONDIZIONALE ——————————

Passato remoto	Trapassato remoto		Presente	Passato	
tem ei (-etti)	ebbi		tem erei	avrei	
tem esti	avesti		tem eresti	avresti	
tem é (-ette)	ebbe	temuto	tem erebbe	avrebbe	temuto
tem emmo	avemmo		tem eremmo	avremmo	
tem este	aveste		tem ereste	avreste	
tem erono (-ettero)	ebbero		tem erebbero	avrebbero	

IMPERATIVO ——— INFINITO ——————

Futuro semplice	Futuro anteriore		Presente	
tem erò	avrò		———	**Pres.:** tem ere
tem erai	avrai			**Pass.:** avere temuto
tem erà	avrà	temuto	tem i	
			tem a	PARTICIPIO ———————
tem eremo	avremo		tem iamo	**Pres.:** tem ente
tem erete	avrete		tem ete	**Pass.:** tem uto
tem eranno	avranno		tem ano	

GERUNDIO ——————

Pres.: tem endo
Pass.: avendo temuto

TERZA CONIUGAZIONE primo gruppo[1]

■ SENTIRE

INDICATIVO ——————————— CONGIUNTIVO ———————————

Presente	Passato prossimo	Presente	Passato
sent o	ho	sent a	abbia
sent i	hai	sent a	abbia
sent e	ha	sent a	abbia
sent iamo	abbiamo } sentito	sent iamo	abbiamo } sentito
sent ite	avete	sent iate	abbiate
sent ono	hanno	sent ano	abbiano

Imperfetto	Trapassato prossimo	Imperfetto	Trapassato
sent ivo	avevo	sent issi	avessi
sent ivi	avevi	sent issi	avessi
sent iva	aveva	sent isse	avesse
sent ivamo	avevamo } sentito	sent issimo	avessimo } sentito
sent ivate	avevate	sent iste	aveste
sent ivano	avevano	sent issero	avessero

CONDIZIONALE ———————————

Passato remoto	Trapassato remoto	Presente	Passato
sent ii	ebbi	sent irei	avrei
sent isti	avesti	sent iresti	avresti
sent í	ebbe	sent irebbe	avrebbe
sent immo	avemmo } sentito	sent iremmo	avremmo } sentito
sent iste	aveste	sent ireste	avreste
sent irono	ebbero	sent irebbero	avrebbero

IMPERATIVO —— INFINITO ———————————

Futuro semplice	Futuro anteriore	Presente	
sent irò	avrò	———	**Pres.**: sent ire
sent irai	avrai	sent i	**Pass.**: avere sentito
sent irà	avrà	sent a	
sent iremo	avremo } sentito	sent iamo	**PARTICIPIO** ———
sent irete	avrete	sent ite	**Pres.**: sent ente
sent iranno	avranno	sent ano	**Pass.**: sent ito

GERUNDIO ———————————

Pres.: sent endo
Pass.: avendo sentito

1. Per l'elenco completo dei verbi di questo gruppo vedere le « Note sulla terza coniugazione » a pag. 81.

TERZA CONIUGAZIONE (INCOATIVI) secondo gruppo[1]

■ CAPIRE

INDICATIVO ──────────────────────── CONGIUNTIVO ────────────────────

Presente	Passato prossimo		Presente	Passato	
cap isc o	ho		cap isc a	abbia	
cap isc i	hai		cap isc a	abbia	
cap isc e	ha	capito	cap isc a	abbia	capito
cap iamo	abbiamo		cap iamo	abbiamo	
cap ite	avete		cap iate	abbiate	
cap isc ono	hanno		cap isc ano	abbiano	

Imperfetto	Trapassato prossimo		Imperfetto	Trapassato	
cap ivo	avevo		cap issi	avessi	
cap ivi	avevi		cap issi	avessi	
cap iva	aveva	capito	cap isse	avesse	capito
cap ivamo	avevamo		cap issimo	avessimo	
cap ivate	avevate		cap iste	aveste	
cap ivano	avevano		cap issero	avessero	

CONDIZIONALE ──────────────────

Passato remoto	Trapassato remoto		Presente	Passato	
cap ii	ebbi		cap irei	avrei	
cap isti	avesti		cap iresti	avresti	
cap í	ebbe	capito	cap irebbe	avrebbe	capito
cap immo	avemmo		cap iremmo	avremmo	
cap iste	aveste		cap ireste	avreste	
cap irono	ebbero		cap irebbero	avrebbero	

IMPERATIVO ────── INFINITO

Futuro semplice	Futuro anteriore		Presente	
cap irò	avrò		─────	**Pres.:** cap ire
cap irai	avrai		cap isc i	**Pass.:** avere capito
cap irà	avrà	capito	cap isc a	
cap iremo	avremo		cap iamo	
cap irete	avrete		cap ite	
cap iranno	avranno		cap isc ano	

Pres.: cap ire
Pass.: avere capito

PARTICIPIO

Pres.: ─────
Pass.: cap ito

GERUNDIO

Pres.: cap endo
Pass.: avendo capito

1. Questi verbi inseriscono il suffisso **-isc** fra il tema e la desinenza nelle tre persone singolari e nella terza persona plurale del presente, dell'indicativo, del congiuntivo e dell'imperativo. Appartengono a questo gruppo la maggior parte dei verbi della terza coniugazione.

CONIUGAZIONE DEL VERBO TRANSITIVO NELLE SUE
TRE FORME

■ LAVARE

Attivo	Passivo[1]		Riflessivo[2]	
INDICATIVO				
Presente				
lavo	sono	lavato (a)	mi	lavo
lavi	sei	lavato (a)	ti	lavi
lava	è	lavato (a)	si	lava
laviamo	siamo	lavati (e)	ci	laviamo
lavate	siete	lavati (e)	vi	lavate
lavano	sono	lavati (e)	si	lavano

Passato prossimo

ho		sono	stato (a)		mi	sono	
hai		sei	stato (a)	lavato (a)	ti	sei	lavato (a)
ha	lavato	è	stato (a)		si	è	
abbiamo		siamo	stati (e)		ci	siamo	
avete		siete	stati (e)	lavati (e)	vi	siete	lavati (e)
hanno		sono	stati (e)		si	sono	

Imperfetto

lavavo	ero	lavato (a)	mi	lavavo
lavavi	eri	lavato (a)	ti	lavavi
lavava	era	lavato (a)	si	lavava
lavavamo	eravamo	lavati (e)	ci	lavavamo
lavavate	eravate	lavati (e)	vi	lavavate
lavavano	erano	lavati (e)	si	lavavano

Trapassato prossimo

avevo		ero	stato (a)		mi	ero	
avevi		eri	stato (a)	lavato (a)	ti	eri	lavato (a)
aveva	lavato	era	stato (a)		si	era	
avevamo		eravamo	stati (e)		ci	eravamo	
avevate		eravate	stati (e)	lavati (e)	vi	eravate	lavati (e)
avevano		erano	stati (e)		si	erano	

Passato remoto

lavai	fui	lavato (a)	mi	lavai
lavasti	fosti	lavato (a)	ti	lavasti
lavò	fu	lavato (a)	si	lavò
lavammo	fummo	lavati (e)	ci	lavammo
lavaste	foste	lavati (e)	vi	lavaste
lavarono	furono	lavati (e)	si	lavarono

1. Il passivo di un qualsiasi verbo transitivo si forma aggiungendo alle voci del verbo *essere* il participio passato dello stesso verbo transitivo.
2. Il riflessivo si ottiene premettendo o posponendo alla forma attiva le particelle pronominali *mi, ti, si, ci, vi.*

Trapassato remoto

ebbi	⎫	fui	stato (a)	⎫	mi fui	⎫
avesti	⎬ lavato	fosti	stato (a)	⎬ lavato (a)	ti fosti	⎬ lavato (a)
ebbe	⎭	fu	stato (a)	⎭	si fu	⎭
avemmo	⎫	fummo	stati (e)	⎫	ci fummo	⎫
aveste	⎬	foste	stati (e)	⎬ lavati (e)	vi foste	⎬ lavati (e)
ebbero	⎭	furono	stati (e)	⎭	si furono	⎭

Futuro semplice

laverò	sarò	lavato (a)	mi laverò
laverai	sarai	lavato (a)	ti laverai
laverà	sarà	lavato (a)	si laverà
laveremo	saremo	lavati (e)	ci laveremo
laverete	sarete	lavati (e)	vi laverete
laveranno	saranno	lavati (e)	si laveranno

Futuro anteriore

avrò	⎫	sarò	stato (a)	⎫	mi sarò	⎫
avrai	⎬ lavato	sarai	stato (a)	⎬ lavato (a)	ti sarai	⎬ lavato (a)
avrà	⎭	sarà	stato (a)	⎭	si sarà	⎭
avremo	⎫	saremo	stati (e)	⎫	ci saremo	⎫
avrete	⎬	sarete	stati (e)	⎬ lavati (e)	vi sarete	⎬ lavati (e)
avranno	⎭	saranno	stati (e)	⎭	si saranno	⎭

CONGIUNTIVO

Presente

lavi	sia	lavato (a)	mi lavi
lavi	sia	lavato (a)	ti lavi
lavi	sia	lavato (a)	si lavi
laviamo	siamo	lavati (e)	ci laviamo
laviate	siate	lavati (e)	vi laviate
lavino	siano	lavati (e)	si lavino

Passato

abbia	⎫	sia	stato (a)	⎫	mi sia	⎫
abbia	⎬ lavato	sia	stato (a)	⎬ lavato (a)	ti sia	⎬ lavato (a)
abbia	⎭	sia	stato (a)	⎭	si sia	⎭
abbiamo	⎫	siamo	stati (e)	⎫	ci siamo	⎫
abbiate	⎬	siate	stati (e)	⎬ lavati (e)	vi siate	⎬ lavati (e)
abbiano	⎭	siano	stati (e)	⎭	si siano	⎭

Imperfetto

lavassi	fossi	lavato (a)	mi lavassi
lavassi	fossi	lavato (a)	ti lavassi
lavasse	fosse	lavato (a)	si lavasse
lavassimo	fossimo	lavati (e)	ci lavassimo
lavaste	foste	lavati (e)	vi lavaste
lavassero	fossero	lavati (e)	si lavassero

Trapassato

avessi		fossi	stato (a)		mi fossi	
avessi		fossi	stato (a)	lavato (a)	ti fossi	lavato (a)
avesse	lavato	fosse	stato (a)		si fosse	
avessimo		fossimo	stati (e)		ci fossimo	
aveste		foste	stati (e)	lavati (e)	vi foste	lavati (e)
avessero		fossero	stati (e)		si fossero	

CONDIZIONALE

Presente

laverei	sarei	lavato (a)	mi laverei
laveresti	saresti	lavato (a)	ti laveresti
laverebbe	sarebbe	lavato (a)	si laverebbe
laveremmo	saremmo	lavati (e)	ci laveremmo
lavereste	sareste	lavati (e)	vi lavereste
laverebbero	sarebbero	lavati (e)	si laverebbero

Passato

avrei		sarei	stato (a)		mi sarei	
avresti		saresti	stato (a)	lavato (a)	ti saresti	lavato (a)
avrebbe	lavato	sarebbe	stato (a)		si sarebbe	
avremmo		saremmo	stati (e)		ci saremmo	
avreste		sareste	stati (e)	lavati (e)	vi sareste	lavati (e)
avrebbero		sarebbero	stati (e)		si sarebbero	

IMPERATIVO

Presente

lava	sii	lavato (a)	lavati
lavi	sia		si lavi
laviamo	siamo		laviamoci
lavate	siate	lavati (e)	lavatevi
lavino	siano		si lavino

INFINITO

Pres.: lavare	**Pres.**: essere lavato (a)	**Pres.**: lavarsi
Pass.: avere lavato	**Pass.**: essere stato (a) lavato (a)	**Pass.**: essersi lavato (a)

PARTICIPIO

Pres.: lavante	**Pres.**: ——	**Pres.**: lavantesi
Pass.: lavato	**Pass.**: stato (a) lavato (a)	**Pass.**: lavatosi

GERUNDIO

Pres.: lavando	**Pres.**: essendo lavato (a)	**Pres.**: lavandosi
Pass.: avendo lavato	**Pass.**: essendo stato (a) lavato (a)	**Pass.**: essendosi lavato (a)

VERBI IN: -CARE E -GARE

■ MANCARE

■ PAGARE

INDICATIVO ───

Presente	Passato prossimo		Presente	Passato prossimo	
manc o	ho		pag o	ho	
manc h i	hai		pag h i	hai	
manc a	ha		pag a	ha	
manc h iamo	abbiamo	mancato	pag h iamo	abbiamo	pagato
manc ate	avete		pag ate	avete	
manc ano	hanno		pag ano	hanno	

Imperfetto	Trapassato prossimo		Imperfetto	Trapassato prossimo	
manc avo	avevo		pag avo	avevo	
manc avi	avevi		pag avi	avevi	
manc ava	aveva		pag ava	aveva	
manc avamo	avevamo	mancato	pag avamo	avevamo	pagato
manc avate	avevate		pag avate	avevate	
manc avano	avevano		pag avano	avevano	

Passato remoto	Trapassato remoto		Passato remoto	Trapassato remoto	
manc ai	ebbi		pag ai	ebbi	
manc asti	avesti		pag asti	avesti	
manc ò	ebbe		pag ò	ebbe	
manc ammo	avemmo	mancato	pag ammo	avemmo	pagato
manc aste	aveste		pag aste	aveste	
manc arono	ebbero		pag arono	ebbero	

Futuro semplice	Futuro anteriore		Futuro semplice	Futuro anteriore	
manc h erò	avrò		pag h erò	avrò	
manc h erai	avrai		pag h erai	avrai	
manc h erà	avrà		pag h erà	avrà	
manc h eremo	avremo	mancato	pag h eremo	avremo	pagato
manc h erete	avrete		pag h erete	avrete	
manc h eranno	avranno		pag h eranno	avranno	

NOTA. - I verbi in **-care** e **-gare** inseriscono una *h* fra il tema e la desinenza quando quest'ultima incomincia con le vocali *i* ed *e*.

CONGIUNTIVO

Presente	Passato		Presente	Passato	
manc h i	abbia		pag h i	abbia	
manc h i	abbia		pag h i	abbia	
manc h i	abbia	mancato	pag h i	abbia	pagato
manc h iamo	abbiamo		pag h iamo	abbiamo	
manc h iate	abbiate		pag h iate	abbiate	
manc h ino	abbiano		pag h ino	abbiano	

Imperfetto	Trapassato		Imperfetto	Trapassato	
manc assi	avessi		pag assi	avessi	
manc assi	avessi		pag assi	avessi	
manc asse	avesse	mancato	pag asse	avesse	pagato
manc assimo	avessimo		pag assimo	avessimo	
manc aste	aveste		pag aste	aveste	
manc assero	avessero		pag assero	avessero	

CONDIZIONALE

Presente	Passato		Presente	Passato	
manc h erei	avrei		pag h erei	avrei	
manc h eresti	avresti		pag h eresti	avresti	
manc h erebbe	avrebbe	mancato	pag h erebbe	avrebbe	pagato
manc h eremmo	avremmo		pag h eremmo	avremmo	
manc h ereste	avreste		pag h ereste	avreste	
manc h erebbero	avrebbero		pag h erebbero	avrebbero	

IMPERATIVO	INFINITO	IMPERATIVO	INFINITO
Presente	**Pres.**: manc are	**Presente**	**Pres.**: pag are
	Pass.: avere mancato		**Pass.**: avere pagato
———		———	
manc a	PARTICIPIO	pag a	PARTICIPIO
manc h i		pag h i	
	Pres.: manc ante		**Pres.**: pag ante
manc h iamo	**Pass.**: manc ato	pag h iamo	**Pass.**: pag ato
manc ate		pag ate	
manc h ino		pag h ino	
	GERUNDIO		GERUNDIO
	Pres.: manc ando		**Pres.**: pag ando
	Pass.: avendo mancato		**Pass.**: avendo pagato

VERBI IN: -CIARE E -GIARE

■ BACIARE   ■ MANGIARE

INDICATIVO ───

Presente	Passato prossimo		Presente	Passato prossimo	
baci o	ho		mangi o	ho	
bac i	hai		mang i	hai	
baci a	ha	baciato	mangi a	ha	mangiato
bac iamo	abbiamo		mang iamo	abbiamo	
baci ate	avete		mangi ate	avete	
baci ano	hanno		mangi ano	hanno	

Imperfetto	Trapassato prossimo		Imperfetto	Trapassato prossimo	
baci avo	avevo		mangi avo	avevo	
baci avi	avevi		mangi avi	avevi	
baci ava	aveva	baciato	mangi ava	aveva	mangiato
baci avamo	avevamo		mangi avamo	avevamo	
baci avate	avevate		mangi avate	avevate	
baci avano	avevano		mangi avano	avevano	

Passato remoto	Trapassato remoto		Passato remoto	Trapassato remoto	
baci ai	ebbi		mangi ai	ebbi	
baci asti	avesti		mangi asti	avesti	
baci ò	ebbe	baciato	mangi ò	ebbe	mangiato
baci ammo	avemmo		mangi ammo	avemmo	
baci aste	aveste		mangi aste	aveste	
baci arono	ebbero		mangi arono	ebbero	

Futuro semplice	Futuro anteriore		Futuro semplice	Futuro anteriore	
bac erò	avrò		mang erò	avrò	
bac erai	avrai		mang erai	avrai	
bac erà	avrà	baciato	mang erà	avrà	mangiato
bac eremo	avremo		mang eremo	avremo	
bac erete	avrete		mang erete	avrete	
bac eranno	avranno		mang eranno	avranno	

NOTA. - I verbi in **-ciare** e **-giare** perdono la *i* del tema dinanzi alle desinenze che incominciano con le vocali *i* ed *e*.

CONGIUNTIVO

Presente	Passato		Presente	Passato	
bac i	abbia		mang i	abbia	
bac i	abbia		mang i	abbia	
bac i	abbia	} baciato	mang i	abbia	} mangiato
bac iamo	abbiamo		mang iamo	abbiamo	
bac iate	abbiate		mang iate	abbiate	
bac ino	abbiano		mang ino	abbiano	

Imperfetto	Trapassato		Imperfetto	Trapassato	
baci assi	avessi		mangi assi	avessi	
baci assi	avessi		mangi assi	avessi	
baci asse	avesse	} baciato	mangi asse	avesse	} mangiato
baci assimo	avessimo		mangi assimo	avessimo	
baci aste	aveste		mangi aste	aveste	
baci assero	avessero		mangi assero	avessero	

CONDIZIONALE

Presente	Passato		Presente	Passato	
bac erei	avrei		mang erei	avrei	
bac eresti	avresti		mang eresti	avresti	
bac erebbe	avrebbe	} baciato	mang erebbe	avrebbe	} mangiato
bac eremmo	avremmo		mang eremmo	avremmo	
bac ereste	avreste		mang ereste	avreste	
bac erebbero	avrebbero		mang erebbero	avrebbero	

IMPERATIVO   INFINITO   IMPERATIVO   INFINITO

Presente

Pres.: baci are
Pass.: avere baciato

baci a
bac i

PARTICIPIO

baci iamo
baci ate
bac ino

Pres.: baci ante
Pass.: baci ato

GERUNDIO

Pres.: baci ando
Pass.: avendo baciato

Presente

Pres.: mangi are
Pass.: avere mangiato

mangi a
mang i

PARTICIPIO

mang iamo
mangi ate
mang ino

Pres.: mangi ante
Pass.: mangi ato

GERUNDIO

Pres.: mangi ando
Pass.: avendo mangiato

VERBI IN: -IARE

■ STUDIARE   ■ AVVIARE

INDICATIVO ────────────────────────────────

Presente	Passato prossimo		Presente	Passato prossimo	
studi o	ho	⎫	avví o	ho	⎫
stud i	hai	⎪	avví i	hai	⎪
studi a	ha	⎪ studiato	avví a	ha	⎪ avviato
stud iamo	abbiamo	⎬	avv iamo	abbiamo	⎬
studi ate	avete	⎪	avv iate	avete	⎪
studi ano	hanno	⎭	avví ano	hanno	⎭

Imperfetto	Trapassato prossimo		Imperfetto	Trapassato prossimo	
studi avo	avevo	⎫	avvi avo	avevo	⎫
studi avi	avevi	⎪	avvi avi	avevi	⎪
studi ava	aveva	⎪ studiato	avvi ava	aveva	⎪ avviato
studi avamo	avevamo	⎬	avvi avamo	avevamo	⎬
studi avate	avevate	⎪	avvi avate	avevate	⎪
studi avano	avevano	⎭	avvi avano	avevano	⎭

Passato remoto	Trapassato remoto		Passato remoto	Trapassato remoto	
studi ai	ebbi	⎫	avvi ai	ebbi	⎫
studi asti	avesti	⎪	avvi asti	avesti	⎪
studi ò	ebbe	⎪ studiato	avvi ò	ebbe	⎪ avviato
studi ammo	avemmo	⎬	avvi ammo	avemmo	⎬
studi aste	aveste	⎪	avvi aste	aveste	⎪
studi arono	ebbero	⎭	avvi arono	ebbero	⎭

Futuro semplice	Futuro anteriore		Futuro semplice	Futuro anteriore	
studi erò	avrò	⎫	avvi erò	avrò	⎫
studi erai	avrai	⎪	avvi erai	avrai	⎪
studi erà	avrà	⎪ studiato	avvi erà	avrà	⎪ avviato
studi eremo	avremo	⎬	avvi eremo	avremo	⎬
studi erete	avrete	⎪	avvi erete	avrete	⎪
studi eranno	avranno	⎭	avvi eranno	avranno	⎭

NOTA. - I verbi in **-iare**, con la *i* atona alla prima persona dell'indicativo presente, perdono questa vocale dinanzi alle desinenze comincianti per *i*. I suddetti verbi, con la *i* tonica, la perdono invece solo dinanzi alle desinenze che cominciano per *-iamo* e *-iate*.

CONGIUNTIVO

Presente	Passato		Presente	Passato	
stud i	abbia	⎫	avví i	abbia	⎫
stud i	abbia	⎪	avví i	abbia	⎪
stud i	abbia	⎬ studiato	avví i	abbia	⎬ avviato
stud iamo	abbiamo	⎪	avv iamo	abbiamo	⎪
stud iate	abbiate	⎪	avv iate	abbiate	⎪
stud ino	abbiano	⎭	avví ino	abbiano	⎭

Imperfetto	Trapassato		Imperfetto	Trapassato	
studi assi	avessi	⎫	avvi assi	avessi	⎫
studi assi	avessi	⎪	avvi assi	avessi	⎪
studi asse	avesse	⎬ studiato	avvi asse	avesse	⎬ avviato
studi assimo	avessimo	⎪	avvi assimo	avessimo	⎪
studi aste	aveste	⎪	avvi aste	aveste	⎪
studi assero	avessero	⎭	avvi assero	avessero	⎭

CONDIZIONALE

Presente	Passato		Presente	Passato	
studi erei	avrei	⎫	avvi erei	avrei	⎫
studi eresti	avresti	⎪	avvi eresti	avresti	⎪
studi erebbe	avrebbe	⎬ studiato	avvi erebbe	avrebbe	⎬ avviato
studi eremmo	avremmo	⎪	avvi eremmo	avremmo	⎪
studi ereste	avreste	⎪	avvi ereste	avreste	⎪
studi erebbero	avrebbero	⎭	avvi erebbero	avrebbero	⎭

IMPERATIVO	INFINITO	IMPERATIVO	INFINITO
Presente	**Pres.:** studi are	**Presente**	**Pres.:** avvi are
	Pass.: avere studiato		**Pass.:** avere avviato
——		——	
studi a		avví a	
stud i	**PARTICIPIO**	avví i	**PARTICIPIO**
	Pres.: studi ante		**Pres.:** avvi ante
stud iamo	**Pass.:** studi ato	avv iamo	**Pass.:** avvi ato
studi ate		avvi ate	
stud ino		avví ino	
	GERUNDIO		**GERUNDIO**
	Pres.: studi ando		**Pres.:** avvi ando
	Pass.: avendo studiato		**Pass.:** avendo avviato

VERBI IRREGOLARI
DELLA PRIMA CONIUGAZIONE

■ ANDARE

Partic. pass.: ANDATO
Ausil.: ESSERE

INDICATIVO

Presente	Imperfetto	Passato remoto	Futuro semplice
vado (vo)	andavo	andai	andrò (anderò)
vai	andavi	andasti	andrai
va	andava	andò	andrà
andiamo	andavamo	andammo	andremo
andate	andavate	andaste	andrete (anderete)
vanno	andavano	andarono	andranno (anderanno)

CONGIUNTIVO		CONDIZIONALE	IMPERATIVO
Presente	Imperfetto	Presente	Presente
vada	andassi	andrei	———
vada	andassi	andresti	va (va', vai)
vada	andasse	andrebbe	vada
andiamo	andassimo	andremmo	andiamo
andiate	andaste	andreste	andate
vadano	andassero	andrebbero	vadano

Inf. **Pr.**: Andare   *Part.* **Pr.**: Andante   *Ger.* **Pr.**: Andando

Si coniuga come **Andare:**
Riandare (AV. - ESS.)

■ DARE

Partic. pass.: DATO
Ausil.: AVERE

INDICATIVO

Presente	Imperfetto	Passato remoto	Futuro semplice
do	davo	diedi (detti)	darò
dài	davi	desti	darai
dà	dava	diede (dette)	darà
diamo	davamo	demmo	daremo
date	davate	deste	darete
dànno	davano	diedero (dettero)	daranno

CONGIUNTIVO		CONDIZIONALE	IMPERATIVO
Presente	Imperfetto	Presente	Presente
dia	dessi	darei	———
dia	dessi	daresti	da' (dai)
dia	desse	darebbe	dia
diamo	dessimo	daremmo	diamo
diate	deste	dareste	date
díano (díeno)	dessero	darebbero	díano (díeno)

Inf. **Pr.**: Dare   *Part.* **Pr.**: Dante   *Ger.* **Pr.**: Dando

Si coniugano come **Dare:**
Addarsi (ESS.)   **Ridare** (AV.)[1]

1. All'imperfetto del congiuntivo invece di *ridessi* fa *ridassi*.

■ STARE

Partic. pass.: STATO
Ausil.: ESSERE

INDICATIVO

Presente	Imperfetto	Passato remoto	Futuro semplice
sto	stavo	stetti	starò
stai	stavi	stesti	starai
sta	stava	stette	starà
stiamo	stavamo	stemmo	staremo
state	stavate	steste	starete
stanno	stavano	stettero	staranno

CONGIUNTIVO ——————— CONDIZIONALE —— IMPERATIVO

Presente	Imperfetto	Presente	Presente
stia	stessi	starei	———
stia	stessi	staresti	sta' (stai)
stia	stesse	starebbe	stia
stiamo	stessimo	staremmo	stiamo
stiate	steste	stareste	state
stíano (stíeno)	stessero	starebbero	stíano (stíeno)

Inf. **Pr.**: Stare   *Part.* **Pr.**: Stante   *Ger.* **Pr.**: Stando

---

Si coniugano come **Stare**:
Ristare (ESS.)   **Soprastare** (AV.-ESS.)   **Sottostare** (ESS.)[1]

---

1. All'imperfetto del congiuntivo invece di *sottostessi* fa *sottostassi*.

VERBI IRREGOLARI
DELLA SECONDA CONIUGAZIONE

■ AFFIGGERE

Partic. pass.: AFFISSO
Ausil.: AVERE

INDICATIVO

Presente	Imperfetto	Passato remoto	Futuro semplice
affiggo	affiggevo	affissi	affiggerò
affiggi	affiggevi	affiggesti	affiggerai
affigge	affiggeva	affisse	affiggerà
affiggiamo	affiggevamo	affiggemmo	affiggeremo
affiggete	affiggevate	affiggeste	affiggerete
affiggono	affiggevano	affissero	affiggeranno

CONGIUNTIVO — CONDIZIONALE — IMPERATIVO

Presente	Imperfetto	Presente	Presente
affigga	affiggessi	affiggerei	———
affigga	affiggessi	affiggeresti	affiggi
affigga	affiggesse	affiggerebbe	affigga
affiggiamo	affiggessimo	affiggeremmo	affiggiamo
affiggiate	affiggeste	affiggereste	affiggete
affiggano	affiggessero	affiggerebbero	affiggano

Inf. **Pr.**: Affiggere   *Part.* **Pr.**: Affiggente   *Ger.* **Pr.**: Affiggendo

Si coniugano come **Affiggere**:

Crocifiggere (AV.)	Figgere (AV.)[1]	Infiggere (AV.)	Prefiggere (AV.)

■ AFFLIGGERE

Partic. pass.: AFFLITTO
Ausil.: AVERE

INDICATIVO

Presente	Imperfetto	Passato remoto	Futuro semplice
affliggo	affliggevo	afflissi	affliggerò
affliggi	affliggevi	affliggesti	affliggerai
affligge	affliggeva	afflisse	affliggerà
affliggiamo	affliggevamo	affliggemmo	affliggeremo
affliggete	affliggevate	affliggeste	affliggerete
affliggono	affliggevano	afflissero	affliggeranno

CONGIUNTIVO — CONDIZIONALE — IMPERATIVO

Presente	Imperfetto	Presente	Presente
affligga	affliggessi	affliggerei	———
affligga	affliggessi	affliggeresti	affliggi
affligga	affliggesse	affliggerebbe	affligga
affliggiamo	affliggessimo	affliggeremmo	affliggiamo
affliggiate	affliggeste	affliggereste	affliggete
affliggano	affliggessero	affliggerebbero	affliggano

Inf. **Pr.**: Affliggere   *Part.* **Pr.**: Affliggente   *Ger.* **Pr.**: Affliggendo

Si coniugano come **Affliggere**:

Configgere	(AV.)	Infliggere	(AV.)	Sconfiggere	(AV.)	Soffriggere	(AV.)
Friggere	(AV.)	Rifriggere	(AV.)	Sfriggere	(AV.)	Trafiggere	(AV.)

1. Il verbo **figgere** ha il participio passato in *fisso* e *fitto*.

■ ANNETTERE

Partic. pass.: ANNESSO
Ausil.: AVERE

INDICATIVO

Presente	Imperfetto	Passato remoto	Futuro semplice
annetto	annettevo	annessi (-ettei)	annetterò
annetti	annettevi	annettesti	annetterai
annette	annetteva	annesse (-etté)	annetterà
annettiamo	annettevamo	annettemmo	annetteremo
annettete	annettevate	annetteste	annetterete
annettono	annettevano	annessero (-etterono)	annetteranno

CONGIUNTIVO — CONDIZIONALE — IMPERATIVO

Presente	Imperfetto	Presente	Presente
annetta	annettessi	annetterei	———
annetta	annettessi	annetteresti	annetti
annetta	annettesse	annetterebbe	annetta
annettiamo	annettessimo	annetteremmo	annettiamo
annettiate	annetteste	annettereste	annettete
annettano	annettessero	annetterebbero	annettano

Inf. **Pr.**: Annettere   *Par.* **Pr.**: Annettente   *Ger.* **Pr.**: Annettendo

Si coniugano come **Annettere**:

Connettere	(AV.)	**Flettere**	(AV.)	**Riconnettere**	(AV.)	**Sconnettere**	(AV.)
Deflettere	(AV.)	**Genuflettersi**	(AV.)	**Riflettere**	(AV.) [1]		

■ ARDERE

Partic. pass.: ARSO
Ausil.: AVERE-ESSERE

INDICATIVO

Presente	Imperfetto	Passato remoto	Futuro semplice
ardo	ardevo	arsi	arderò
ardi	ardevi	ardesti	arderai
arde	ardeva	arse	arderà
ardiamo	ardevamo	ardemmo	arderemo
ardete	ardevate	ardeste	arderete
ardono	ardevano	arsero	arderanno

CONGIUNTIVO — CONDIZIONALE — IMPERATIVO

Presente	Imperfetto	Presente	Presente
arda	ardessi	arderei	———
arda	ardessi	arderesti	ardi
arda	ardesse	arderebbe	arda
ardiamo	ardessimo	arderemmo	ardiamo
ardiate	ardeste	ardereste	ardete
ardano	ardessero	arderebbero	ardano

Inf. **Pr.**: Ardere   *Par.* **Pr.**: Ardente   *Ger.* **Pr.**: Ardendo

Si coniuga come **Ardere**:
Riardere (AV. - ESS.)

1. Nel significato di « ripiegare indietro ». Al passato remoto ha la seconda forma. Nel significato di « pensare » il participio passato è **riflettuto**.

■ ASSISTERE

Partic. pass.: ASSISTITO
Ausil.: AVERE

INDICATIVO

Presente	Imperfetto	Passato remoto	Futuro semplice
assisto	assistevo	assistei (-etti)	assisterò
assisti	assistevi	assistesti	assisterai
assiste	assisteva	assisté (-ette)	assisterà
assistiamo	assistevamo	assistemmo	assisteremo
assistete	assistevate	assisteste	assisterete
assistono	assistevano	assisterono (-ettero)	assisteranno

CONGIUNTIVO — CONDIZIONALE — IMPERATIVO

Presente	Imperfetto	Presente	Presente
assista	assistessi	assisterei	———
assista	assistessi	assisteresti	assisti
assista	assistesse	assisterebbe	assista
assistiamo	assistessimo	assisteremmo	assistiamo
assistiate	assisteste	assistereste	assistete
assistano	assistessero	assisterebbero	assistano

Inf. **Pr.**: Assistere *Part.* **Pr.**: Assistente *Ger.* **Pr.**: Assistendo

Si coniugano come **Assistere**:

Coesistere	(ESS.)	**Desistere**	(AV.)	**Insistere**	(AV.)	**Preesistere**	(ESS.)
Consistere	(ESS.)	**Esistere**	(ESS.)	**Persistere**	(AV.)	**Resistere**	(AV.)
						Sussistere	(ESS.-AV.)

■ ASSOLVERE

Part. pass.: ASSOLTO (-OLUTO)
Ausil.: AVERE

INDICATIVO

Presente	Imperfetto	Passato remoto	Futuro semplice
assolvo	assolvevo	assolsi	assolverò
assolvi	assolvevi	assolvesti	assolverai
assolve	assolveva	assolse	assolverà
assolviamo	assolvevamo	assolvemmo	assolveremo
assolvete	assolvevate	assolveste	assolverete
assolvono	assolvevano	assolsero	assolveranno

CONGIUNTIVO — CONDIZIONALE — IMPERATIVO

Presente	Imperfetto	Presente	Presente
assolva	assolvessi	assolverei	———
assolva	assolvessi	assolveresti	assolvi
assolva	assolvesse	assolverebbe	assolva
assolviamo	assolvessimo	assolveremmo	assolviamo
assolviate	assolveste	assolvereste	assolvete
assolvano	assolvessero	assolverebbero	assolvano

Inf. **Pr.**: Assolvere *Part.* **Pr.**: Assolvente *Ger.* **Pr.**: Assolvendo

Si coniugano come **Assolvere**:

Dissolvere (AV.)	**Evolversi** (ESS.)[1]	**Risolvere** (AV.)

1. Il participio passato di *evolvere* è *evoluto*.

■ ASSUMERE

Partic. pass.: ASSUNTO
Ausil.: AVERE

INDICATIVO

Presente	Imperfetto	Passato remoto	Futuro semplice
assumo	assumevo	assunsi	assumerò
assumi	assumevi	assumesti	assumerai
assume	assumeva	assunse	assumerà
assumiamo	assumevamo	assumemmo	assumeremo
assumete	assumevate	assumeste	assumerete
assumono	assumevano	assunsero	assumeranno

CONGIUNTIVO ——————— CONDIZIONALE — IMPERATIVO ——

Presente	Imperfetto	Presente	Presente
assuma	assumessi	assumerei	——
assuma	assumessi	assumeresti	assumi
assuma	assumesse	assumerebbe	assuma
assumiamo	assumessimo	assumeremmo	assumiamo
assumiate	assumeste	assumereste	assumete
assumano	assumessero	assumerebbero	assumano

Inf. **Pr.**: Assumere   *Part.* **Pr.**: Assumente   *Ger.* **Pr.**: Assumendo

Si coniugano come **Assumere**:
Desumere (AV.)   **Presumere** (AV.)   **Riassumere** (AV.)

■ BERE

Partic. pass.: BEVUTO
Ausil. AVERE

INDICATIVO

Presente	Imperfetto	Passato remoto	Futuro semplice
bevo	bevevo	bevvi	berrò
bevi	bevevi	bevesti	berrai
beve	beveva	bevve	berrà
beviamo	bevevamo	bevemmo	berremo
bevete	bevevate	beveste	berrete
bevono	bevevano	bevvero	berranno

CONGIUNTIVO ——————— CONDIZIONALE — IMPERATIVO ——

Presente	Imperfetto	Presente	Presente
beva	bevessi	berrei	——
beva	bevessi	berresti	bevi
beva	bevesse	berrebbe	beva
beviamo	bevessimo	berremmo	beviamo
beviate	beveste	berreste	bevete
bevano	bevessero	berrebbero	bevano

Inf. **Pr.**: Bere   *Part.* **Pr.**: Bevente   *Ger.* **Pr.**: Bevendo

Si coniuga come **Bere**:
Imbevere (AV.)

■ CADERE

Partic. pass.: CADUTO
Ausil.: ESSERE

INDICATIVO

Presente	Imperfetto	Passato remoto	Futuro semplice
cado	cadevo	caddi	cadrò
cadi	cadevi	cadesti	cadrai
cade	cadeva	cadde	cadrà
cadiamo	cadevamo	cademmo	cadremo
cadete	cadevate	cadeste	cadrete
cadono	cadevano	caddero	cadranno

CONGIUNTIVO — CONDIZIONALE — IMPERATIVO

Presente	Imperfetto	Presente	Presente
cada	cadessi	cadrei	———
cada	cadessi	cadresti	cadi
cada	cadesse	cadrebbe	cada
cadiamo	cadessimo	cadremmo	cadiamo
cadiate	cadeste	cadreste	cadete
cadano	cadessero	cadrebbero	cadano

Inf. **Pr.**: Cadere   *Part.* **Pr.**: Cadente   *Ger.* **Pr.**: Cadendo

Si coniugano come **Cadere**:
Accadere (ESS.)   **Decadere** (ESS.)   **Ricadere** (ESS.)   **Scadere** (ESS.)

■ CHIEDERE

Partic. pass.: CHIESTO
Ausil.: AVERE

INDICATIVO

Presente	Imperfetto	Passato remoto	Futuro semplice
chiedo (chieggo)	chiedevo	chiesi	chiederò
chiedi	chiedevi	chiedesti	chiederai
chiede	chiedeva	chiese	chiederà
chiediamo	chiedevamo	chiedemmo	chiederemo
chiedete	chiedevate	chiedeste	chiederete
chiedono (chieggono)	chiedevano	chiesero	chiederanno

CONGIUNTIVO — CONDIZIONALE — IMPERATIVO

Presente	Imperfetto	Presente	Presente
chieda (chiegga)	chiedessi	chiederei	———
chieda (chiegga)	chiedessi	chiederesti	chiedi
chieda (chiegga)	chiedesse	chiederebbe	chieda (chiegga)
chiediamo	chiedessimo	chiederemmo	chiediamo
chiediate	chiedeste	chiedereste	chiedete
chiedano (chieggano)	chiedessero	chiederebbero	chiedano (chieggano)

Inf. **Pr.**: Chiedere   *Part.* **Pr.**: Chiedente   *Ger.* **Pr.**: Chiedendo

Si coniuga come **Chiedere**:
Richiedere (AV.)

■ CHIUDERE

Partic. pass.: CHIUSO
Ausil.: AVERE

INDICATIVO

Presente	Imperfetto	Passato remoto	Futuro semplice
chiudo	chiudevo	chiusi	chiuderò
chiudi	chiudevi	chiudesti	chiuderai
chiude	chiudeva	chiuse	chiuderà
chiudiamo	chiudevamo	chiudemmo	chiuderemo
chiudete	chiudevate	chiudeste	chiuderete
chiudono	chiudevano	chiusero	chiuderanno

CONGIUNTIVO — CONDIZIONALE — IMPERATIVO

Presente	Imperfetto	Presente	Presente
chiuda	chiudessi	chiuderei	—
chiuda	chiudessi	chiuderesti	chiudi
chiuda	chiudesse	chiuderebbe	chiuda
chiudiamo	chiudessimo	chiuderemmo	chiudiamo
chiudiate	chiudeste	chiudereste	chiudete
chiudano	chiudessero	chiuderebbero	chiudano

Inf. **Pr.**: Chiudere   *Part.* **Pr.**: Chiudente   *Ger.* **Pr.**: Chiudendo

Si coniugano come **Chiudere:**

Acchiudere (AV.)	**Dischiudere** (AV.)	**Includere** (AV.)	**Racchiudere** (AV.)
Accludere (AV.)	**Disilludere** (AV.)	**Intrudere** (AV.)	**Richiudere** (AV.)
Alludere (AV.)	**Eludere** (AV.)	**Occludere** (AV.)	**Rinchiudere** (AV.)
Conchiudere (AV.)	**Escludere** (AV.)	**Precludere** (AV.)	**Schiudere** (AV.)
Concludere (AV.)	**Illudere** (AV.)	**Preludere** (AV.)	**Scconcludere** (AV.)
Deludere (AV.)	**Inchiudere** (AV.)	**Proludere** (AV.)	**Socchiudere** (AV.)

■ CINGERE

Partic. pass.: CINTO
Ausil.: AVERE

INDICATIVO

Presente	Imperfetto	Passato remoto	Futuro semplice
cingo	cingevo	cinsi	cingerò
cingi	cingevi	cingesti	cingerai
cinge	cingeva	cinse	cingerà
cingiamo	cingevamo	cingemmo	cingeremo
cingete	cingevate	cingeste	cingerete
cingono	cingevano	cinsero	cingeranno

CONGIUNTIVO — CONDIZIONALE — IMPERATIVO

Presente	Imperfetto	Presente	Presente
cinga	cingessi	cingerei	—
cinga	cingessi	cingeresti	cingi
cinga	cingesse	cingerebbe	cinga
cingiamo	cingessimo	cingeremmo	cingiamo
cingiate	cingeste	cingereste	cingete
cingano	cingessero	cingerebbero	cingano

Inf. **Pr.**: Cingere   *Part.* **Pr.**: Cingente   *Ger.* **Pr.**: Cingendo

Si coniugano come **Cingere:**

Accingersi (ESS.)	**Infingersi** (ESS.)	**Respingere** (AV.)	**Spingere** (AV.)
Attingere (AV.)	**Intingere** (AV.)	**Ricingere** (AV.)	**Stingere** (AV.-ESS.)
Dipingere (AV.)	**Pingere** (AV.)	**Ritingere** (AV.)	**Tingere** (AV.)
Fingere (AV.)	**Recingere** (AV.)	**Sospingere** (AV.)	

■ CǪGLIERE

Partic. pass.: COLTO
Ausil.: AVERE

INDICATIVO

Presente	Imperfetto	Passato remoto	Futuro semplice
colgo	coglievo	colsi	coglierò
cogli	coglievi	cogliesti	coglierai
coglie	coglieva	colse	coglierà
cogliamo	coglievamo	cogliemmo	coglieremo
cogliete	coglievate	coglieste	coglierete
cǫlgono	coglięvano	cǫlsero	coglieranno

CONGIUNTIVO ———————— CONDIZIONALE —— IMPERATIVO

Presente	Imperfetto	Presente	Presente
colga	cogliessi	coglierei	———
colga	cogliessi	coglieresti	cogli
colga	cogliesse	coglierebbe	colga
cogliamo	coglięssimo	coglieremmo	cogliamo
cogliate	coglieste	cogliereste	cogliete
cǫlgano	coglięssero	coglierębbero	cǫlgano

Inf. **Pr.**: Cǫgliere   *Part.* **Par.**: Cogliente   *Ger.* **Pr.**: Cogliendo

Si coniugano come **Cogliere:**

Accǫgliere	(AV.)	**Incǫgliere**	(ESS.)	**Riaccǫgliere**	(AV.)	**Tǫgliere**	(AV.)
Disciǫgliere	(AV.)	**Prosciǫgliere**	(AV.)	**Ricǫgliere**	(AV.)		
Distǫgliere	(AV.)	**Raccǫgliere**	(AV.)	**Sciǫgliere**	(AV.)		

■ CǪMPIERE

Partic. pass.: COMPIUTO (-ITO)
Ausil.: AVERE

INDICATIVO

Presente	Imperfetto	Passato remoto	Futuro semplice
cǫmpio	compivo	compii	compirò
compi	compivi	compisti	compirai
cǫmpie	compiva	compí	compirà
compiamo	compivamo	compimmo	compiremo
compite	compivate	compiste	compirete
cǫmpiono	compįvano	compįrono	compiranno

CONGIUNTIVO ———————— CONDIZIONALE —— IMPERATIVO

Presente	Imperfetto	Presente	Presente
cǫmpia	compissi	compirei	———
cǫmpia	compissi	compiresti	compi
cǫmpia	compisse	compirebbe	cǫmpia
compiamo	compįssimo	compiremmo	compiamo
compiate	compiste	compireste	compite
cǫmpiano	compįssero	compirębbero	cǫmpiano

Inf. **Pr.**: Cǫmpiere   *Part.* **Pr.**: Compiente   *Ger.* **Pr.**: Compiendo

Si cǫniugano come **Cǫmpiere:**

Adęmpiere	(AV.)	**Ęmpiere**	(AV.)	**Empire**	(AV.)	**Riempire**	(AV.)

■ CONCEDERE

Partic. pass.: CONCESSO (-EDUTO)
Ausil.: AVERE

INDICATIVO

Presente	Imperfetto	Passato remoto	Futuro semplice
concedo	concedevo	concessi (-edei)	concederò
concedi	concedevi	concedesti	concederai
concede	concedeva	concesse (-edé)	concederà
concediamo	concedevamo	concedemmo	concederemo
concedete	concedevate	concedeste	concederete
concedono	concedevano	concessero (-derono)	concederanno

CONGIUNTIVO ——————— CONDIZIONALE — IMPERATIVO

Presente	Imperfetto	Presente	Presente
conceda	concedessi	concederei	———
conceda	concedessi	concederesti	concedi
conceda	concedesse	concederebbe	conceda
concediamo	concedessimo	concederemmo	concediamo
concediate	concedeste	concedereste	concedete
concedano	concedessero	concederebbero	concedano

Inf. **Pr.**: Concedere   *Part.* **Pr.**: Concedente   *Ger.* **Pr.**: Concedendo

Si coniugano come **Concedere:**
Retrocedere (ESS.-AV.)   **Succedere** (ESS.)

■ CONDURRE

Partic. pass.: CONDOTTO
Ausil.: AVERE

INDICATIVO

Presente	Imperfetto	Passato remoto	Futuro semplice
conduco	conducevo	condussi	condurrò
conduci	conducevi	conducesti	condurrai
conduce	conduceva	condusse	condurrà
conduciamo	conducevamo	conducemmo	condurremo
conducete	conducevate	conduceste	condurrete
conducono	conducevano	condussero	condurranno

CONGIUNTIVO ——————— CONDIZIONALE — IMPERATIVO

Presente	Imperfetto	Presente	Presente
conduca	conducessi	condurrei	———
conduca	conducessi	condurresti	conduci
conduca	conducesse	condurrebbe	conduca
conduciamo	conducessimo	condurremmo	conduciamo
conduciate	conduceste	condurreste	conducete
conducano	conducessero	condurrebbero	conducano

Inf. **Pr.**: Condurre   *Part.* **Pr.**: Conducente   *Ger.* **Pr.**: Conducendo

Si coniugano come **Condurre:**

Addurre	(AV.)	**Indurre**	(AV.)	**Ricondurre**	(AV.)	**Sedurre**	(AV.)
Circondurre	(AV.)	**Introdurre**	(AV.)	**Ridurre**	(AV.)	**Tradurre**	(AV.)
Dedurre	(AV.)	**Produrre**	(AV.)	**Riprodurre**	(AV.)		

■ CONOSCERE

Partic. pass.: CONOSCIUTO
Ausil.: AVERE

INDICATIVO

Presente	Imperfetto	Passato remoto	Futuro semplice
conosco	conoscevo	conobbi	conoscerò
conosci	conoscevi	conoscesti	conoscerai
conosce	conosceva	conobbe	conoscerà
conosciamo	conoscevamo	conoscemmo	conosceremo
conoscete	conoscevate	conosceste	conoscerete
conoscono	conoscevano	conobbero	conosceranno

CONGIUNTIVO ——— CONDIZIONALE — IMPERATIVO

Presente	Imperfetto	Presente	Presente
conosca	conoscessi	conoscerei	———
conosca	conoscessi	conosceresti	conosci
conosca	conoscesse	conoscerebbe	conosca
conosciamo	conoscessimo	conosceremmo	conosciamo
conosciate	conosceste	conoscereste	conoscete
conoscano	conoscessero	conoscerebbero	conoscano

Inf. **Pr.**: Conoscere *Part.* **Pr.**: Conoscente *Ger.* **Pr.**: Conoscendo

Si coniugano come **Conoscere**:

Disconoscere (AV.)	**Misconoscere** (AV.)	**Preconoscere** (AV.)	**Riconoscere** (AV.)

■ CORRERE

Partic. pass.: CORSO
Ausil.: AVERE-ESSERE

INDICATIVO

Presente	Imperfetto	Passato remoto	Futuro semplice
corro	correvo	corsi	correrò
corri	correvi	corresti	correrai
corre	correva	corse	correrà
corriamo	correvamo	corremmo	correremo
correte	correvate	correste	correrete
corrono	correvano	corsero	correranno

CONGIUNTIVO ——— CONDIZIONALE — IMPERATIVO

Presente	Imperfetto	Presente	Presente
corra	corressi	correrei	———
corra	corressi	correresti	corri
corra	corresse	correrebbe	corra
corriamo	corressimo	correremmo	corriamo
corriate	correste	correreste	correte
corrano	corressero	correrebbero	corrano

Inf. **Pr.**: Correre *Part.* **Pr.**: Corrente *Ger.* **Pr.**: Correndo

Si coniugano come **Correre**:

Accorrere (ESS.)	**Incorrere** (ESS.)	**Precorrere** (AV.-ESS.)	**Riscorrere** (AV.)
Concorrere (AV.)	**Intercorrere** (AV.)	**Ricorrere** (AV.-ESS.)	**Scorrere** (AV.-ESS.)
Decorrere (ESS.)	**Occorrere** (ESS.)	**Rincorrere** (AV.)	**Soccorrere** (AV.)
Discorrere (AV.)	**Percorrere** (AV.)	**Ripercorrere** (AV.)	**Trascorrere** (AV.-ESS.)

■ CRẸSCERE

Partic. pass.: CRESCIUTO
Ausil.: ẸSSERE

INDICATIVO

Presente	Imperfetto	Passato remoto	Futuro sẹmplice
cresco	crescevo	crebbi	crescerò
cresci	crescevi	crescesti	crescerai
cresce	cresceva	crebbe	crescerà
cresciamo	crescevamo	crescemmo	cresceremo
crescete	crescevate	cresceste	crescerete
crẹscono	crescẹvano	crẹbbero	cresceranno

CONGIUNTIVO ——————— CONDIZIONALE — IMPERATIVO ———

Presente	Imperfetto	Presente	Presente
cresca	crescessi	crescerei	——
cresca	crescessi	cresceresti	cresci
cresca	crescesse	crescerebbe	cresca
cresciamo	crescẹssimo	cresceremmo	cresciamo
cresciate	cresceste	crescereste	crescete
crẹscano	crescẹssero	crescerẹbbero	crẹscano

Inf. **Pr.**: Crẹscere   *Part.* **Pr.**: Crescente   *Gr.* **Pr.**: Crescendo

---

Si cọniugano come Crẹscere:
Accrẹscere (AV.)   **Incrẹscere** (ESS.)   **Ricrẹscere** (ESS.)   **Rincrẹscere** (ESS.)
Decrẹscere (ESS.)

■ CUỌCERE

Part. pass.: COTTO (COCIUTO)
Ausil.: AVERE

INDICATIVO

Presente	Imperfetto	Passato remoto	Futuro sẹmplice
cuocio	cocevo	cossi	cocerò
cuoci	cocevi	cocesti	cocerai
cuoce	coceva	cosse	cocerà
cociamo	cocevamo	cocemmo	coceremo
cocete	cocevate	coceste	cocerete
cuọciono	cocẹvano	cọssero	coceranno

CONGIUNTIVO ——————— CONDIZIONALE — IMPERATIVO ———

Presente	Imperfetto	Presente	Presente
cuocia	cocessi	cocerei	——
cuocia	cocessi	coceresti	cuoci
cuocia	cocesse	cocerebbe	cuocia
cociamo	cocẹssimo	coceremmo	cociamo
cociate	coceste	cocereste	cocete
cuọciano	cocessero	cocerẹbbero	cuọciano

Inf. **Pr.**: Cuọcere   *Part.* **Pr.**: Cocente   *Ger.* **Pr.**: Cocendo

---

Si cọniugano come Cuọcere:
Concuọcere (AV.)   **Ricuọcere** (AV.)

■ DEPRIMERE

Partic. pass.: DEPRESSO
Ausil.: AVERE

INDICATIVO

Presente	Imperfetto	Passato remoto	Futuro semplice
deprimo	deprimevo	depressi	deprimerò
deprimi	deprimevi	deprimesti	deprimerai
deprime	deprimeva	depresse	deprimerà
deprimiamo	deprimevamo	deprimemmo	deprimeremo
deprimete	deprimevate	deprimeste	deprimerete
deprimono	deprimevano	depressero	deprimeranno

CONGIUNTIVO ——————— CONDIZIONALE — IMPERATIVO

Presente	Imperfetto	Presente	Presente
deprima	deprimessi	deprimerei	——
deprima	deprimessi	deprimeresti	deprimi
deprima	deprimesse	deprimerebbe	deprima
deprimiamo	deprimessimo	deprimeremmo	deprimiamo
deprimiate	deprimeste	deprimereste	deprimete
deprimano	deprimessero	deprimerebbero	deprimano

Inf. **Pr.**: Deprimere *Part.* **Pr.**: Deprimente *Ger.* **Pr.**: Deprimendo

Si coniugano come **Deprimere**:

Comprimere	(AV.)	**Imprimere**	(AV.)	**Precomprimere**	(AV.)	**Sopprimere**	(AV.)
Esprimere	(AV.)	**Opprimere**	(AV.)	**Reprimere**	(AV.)		

■ DIRE

Partic. pass.: DETTO
Ausil.: AVERE

INDICATIVO

Presente	Imperfetto	Passato remoto	Futuro semplice
dico	dicevo	dissi	dirò
dici	dicevi	dicesti	dirai
dice	diceva	disse	dirà
diciamo	dicevamo	dicemmo	diremo
dite	dicevate	diceste	direte
dicono	dicevano	dissero	diranno

CONGIUNTIVO ——————— CONDIZIONALE — IMPERATIVO

Presente	Imperfetto	Presente	Presente
dica	dicessi	direi	——
dica	dicessi	diresti	dí
dica	dicesse	direbbe	dica
diciamo	dicessimo	diremmo	diciamo
diciate	diceste	direste	dite
dicano	dicessero	direbbero	dicano

Inf. **Pr.**: Dire *Part.* **Pr.**: Dicente *Ger.* **Pr.**: Dicendo

Si coniugano come **Dire**:

Benedire	(AV.)[1-2]	**Disdire**	(AV.)[1]	**Interdire**	(AV.)	**Predire**	(AV.)[1]
Contraddire	(AV.)[1]	**Indire**	(AV.)[1]	**Maledire**	(AV.)[1-2]	**Ridire**	(AV.)[1]

1. Alla seconda persona dell'imper. presente fanno *benedici, contraddici,* ecc.
2. All'imperf. e al pass. remoto dell'indicat., oltre alle forme *benedicevo* e *maledicevo, benedissi* e *maledissi,* hanno le forme *benedivo* e *maledivo, benedii* e *maledii.*

■ DIRIGERE

Partic. pass.: DIRETTO
Ausil.: AVERE

INDICATIVO

Presente	Imperfetto	Passato remoto	Futuro semplice
dirigo	dirigevo	diressi	dirigerò
dirigi	dirigevi	dirigesti	dirigerai
dirige	dirigeva	diresse	dirigerà
dirigiamo	dirigevamo	dirigemmo	dirigeremo
dirigete	dirigevate	dirigeste	dirigerete
dirigono	dirigevano	diressero	dirigeranno

CONGIUNTIVO —————————— CONDIZIONALE — IMPERATIVO ——

Presente	Imperfetto	Presente	Presente
diriga	dirigessi	dirigerei	———
diriga	dirigessi	dirigeresti	dirigi
diriga	dirigesse	dirigerebbe	diriga
dirigiamo	dirigessimo	dirigeremmo	dirigiamo
dirigiate	dirigeste	dirigereste	dirigete
dirigano	dirigessero	dirigerebbero	dirigano

Inf. **Pr.**: Dirigere   *Part.* **Pr.**: Dirigente   *Ger.* **Pr.**: Dirigendo

Si coniugano come **Dirigere**:
Erigere (AV.)   Prediligere (AV.)

■ DISCUTERE

Partic. pass.: DISCUSSO
Ausil.: AVERE

INDICATIVO

Presente	Imperfetto	Passato remoto	Futuro semplice
discuto	discutevo	discussi (-téi)	discuterò
discuti	discutevi	discutesti	discuterai
discute	discuteva	discusse (-té)	discuterà
discutiamo	discutevamo	discutemmo	discuteremo
discutete	discutevate	discuteste	discuterete
discutono	discutevano	discussero (-terono)	discuteranno

CONGIUNTIVO —————————— CONDIZIONALE — IMPERATIVO ——

Presente	Imperfetto	Presente	Presente
discuta	discutessi	discuterei	———
discuta	discutessi	discuteresti	discuti
discuta	discutesse	discuterebbe	discuta
discutiamo	discutessimo	discuteremmo	discutiamo
discutiate	discuteste	discutereste	discutete
discutano	discutessero	discuterebbero	discutano

Inf. **Pr.**: Discutere   *Part.* **Pr.**: Discutente   *Ger.* **Pr.**: Discutendo

Si coniugano come **Discutere**:
Escutere (AV.)   Incutere (AV.)[1]

1. Al passato remoto fa *incutei*, ecc.

■ DISTINGUERE

Partic. pass.: DISTINTO
Ausil.: AVERE

INDICATIVO

Presente	Imperfetto	Passato remoto	Futuro semplice
distinguo	distinguevo	distinsi	distinguerò
distingui	distinguevi	distinguesti	distinguerai
distingue	distingueva	distinse	distinguerà
distinguiamo	distinguevamo	distinguemmo	distingueremo
distinguete	distinguevate	distingueste	distinguerete
distinguono	distinguevano	distinsero	distingueranno

CONGIUNTIVO — CONDIZIONALE — IMPERATIVO

Presente	Imperfetto	Presente	Presente
distingua	distinguessi	distinguerei	———
distingua	distinguessi	distingueresti	distingui
distingua	distinguesse	distinguerebbe	distingua
distinguiamo	distinguessimo	distingueremmo	distinguiamo
distinguiate	distingueste	distinguereste	distinguete
distinguano	distinguessero	distinguerebbero	distinguano

Inf. **Pr.**: Dinstinguere   *Part.* **Pr.**: Distinguente   *Ger.* **Pr.**: Distinguendo

Si coniugano come **Distinguere**:
Contraddistinguere (AV.)   **Estinguere** (AV.)

■ DIVELLERE

Partic. pass.: DIVELTO
Ausil.: AVERE

INDICATIVO

Presente	Imperfetto	Passato remoto	Futuro semplice
divello	divellevo	divelsi	divellerò
divelli	divellevi	divellesti	divellerai
divelle	divelleva	divelse	divellerà
divelliamo	divellevamo	divellemmo	divelleremo
divellete	divellevate	divelleste	divellerete
divellono	divellevano	divelsero	divelleranno

CONGIUNTIVO — CONDIZIONALE — IMPERATIVO

Presente	Imperfetto	Presente	Presente
divella	divellessi	divellerei	———
divella	divellessi	divelleresti	divelli
divella	divellesse	divellerebbe	divella
divelliamo	divellessimo	divelleremmo	divelliamo
divelliate	divelleste	divellereste	divellete
divellano	divellessero	divellerebbero	divellano

Inf. **Pr.**: Divellere   *Part.* **Pr.**: Divellente   *Ger.* **Pr.**: Divellendo

Si coniugano come **Divellere**:
Eccellere (ESS.)[1]   **Svellere** (AV.)[2]

1. Il participio passato fa *eccelso*.
2. Al presente dell'indicativo e del congiuntivo ha anche la forma *svelgo* e *svelga*.

■ DOLERSI

Partic. pass.: DOLUTOSI
Ausil.: ESSERE

INDICATIVO

Presente	Imperfetto	Passato remoto	Futuro semplice
mi dolgo	mi dolevo	mi dolsi	mi dorrò
ti duoli	ti dolevi	ti dolesti	ti dorrai
si duole	si doleva	si dolse	si dorrà
vi dolete	ci dolevamo	ci dolemmo	ci dorremo
ci doliamo	vi dolevate	vi doleste	vi dorrete
si dolgono	si dolevano	si dolsero	si dorranno

CONGIUNTIVO —————————— CONDIZIONALE — IMPERATIVO

Presente	Imperfetto	Presente	Presente
mi dolga	mi dolessi	mi dorrei	———
ti dolga	ti dolessi	ti dorresti	duoliti
si dolga	si dolesse	si dorrebbe	si dolga
ci doliamo	ci dolessimo	ci dorremmo	dogliamoci
vi doliate	vi doleste	vi dorreste	doletevi
si dolgano	si dolessero	si dorrebbero	si dolgano

Inf. **Pr.**: Dolersi *Part.* **Pr.**: Dolentesi *Ger.* **Pr.**: Dolendosi

Si coniuga come **Dolersi**:
Condolersi (ESS.)

■ DOVERE

Partic. pass.: DOVUTO
Ausil.: AVERE

INDICATIVO

Presente	Imperfetto	Passato remoto	Futuro semplice
devo (debbo)	dovevo	dovei (-etti)	dovrò
devi	dovevi	dovesti	dovrai
deve	doveva	dové (-ette)	dovrà
dobbiamo	dovevamo	dovemmo	dovremo
dovete	dovevate	doveste	dovrete
devono (debbono)	dovevano	doverono (-ettero)	dovranno

CONGIUNTIVO —————————— CONDIZIONALE — IMPERATIVO

Presente	Imperfetto	Presente	Presente
deva (debba)	dovessi	dovrei	———
deva (debba)	dovessi	dovresti	———
deva (debba)	dovesse	dovrebbe	———
dobbiamo	dovessimo	dovremmo	———
dobbiate	doveste	dovreste	———
devano (debbano)	dovessero	dovrebbero	———

Inf. **Pr.**: Dovere *Part.* **Pr.**: ——— *Ger.* **Pr.**: Dovendo

■ EMERGERE

Partic. pass.: EMERSO
Ausil.: ESSERE

INDICATIVO

Presente	Imperfetto	Passato remoto	Futuro semplice
emergo	emergevo	emersi	emergerò
emergi	emergevi	emergesti	emergerai
emerge	emergeva	emerse	emergerà
emergiamo	emergevamo	emergemmo	emergeremo
emergete	emergevate	emergeste	emergerete
emergono	emergevano	emersero	emergeranno

CONGIUNTIVO ——— CONDIZIONALE —— IMPERATIVO

Presente	Imperfetto	Presente	Presente
emerga	emergessi	emergerei	———
emerga	emergessi	emergeresti	emergi
emerga	emergesse	emergerebbe	emerga
emergiamo	emergessimo	emergeremmo	emergiamo
emergiate	emergeste	emergereste	emergete
emergano	emergessero	emergerebbero	emergano

Inf. **Pr.**: Emergere   *Part.* **Pr.**: Emergente   *Ger.* **Pr.**: Emergendo

Si coniugano come **Emergere**:

Aspergere (AV.)	**Cospergere** (AV.)	**Immergere** (AV.)	**Sommergere** (AV.)
Astergere (AV.)	**Detergere** (AV.)	**Riemergere** (ESS.)	**Tergere** (AV.)

■ ERGERE

Partic. pass.: ERTO
Ausil.: AVERE

INDICATIVO

Presente	Imperfetto	Passato remoto	Futuro semplice
ergo	ergevo	ersi	ergerò
ergi	ergevi	ergesti	ergerai
erge	ergeva	erse	ergerà
ergiamo	ergevamo	ergemmo	ergeremo
ergete	ergevate	ergeste	ergerete
ergono	ergevano	ersero	ergeranno

CONGIUNTIVO ——— CONDIZIONALE —— IMPERATIVO

Presente	Imperfetto	Presente	Presente
erga	ergessi	ergerei	———
erga	ergessi	ergeresti	ergi
erga	ergesse	ergerebbe	erga
ergiamo	ergessimo	ergeremmo	ergiamo
ergiate	ergeste	ergereste	ergete
ergano	ergessero	ergerebbero	ergano

Inf. **Pr.**: Ergere   *Part.* **Pr.**: Ergente   *Ger.* **Pr.**: Ergendo

Si coniuga come **Ergere**:
Adergere (AV.)

■ ESIGERE

Partic. pass.: ESATTO
Ausil.: AVERE

INDICATIVO

Presente	Imperfetto	Passato remoto	Futuro semplice
esigo	esigevo	esigei (-etti)	esigerò
esigi	esigevi	esigesti	esigerai
esige	esigeva	esigé (-ette)	esigerà
esigiamo	esigevamo	esigemmo	esigeremo
esigete	esigevate	esigeste	esigerete
esigono	esigevano	esigerono (-ettero)	esigeranno

CONGIUNTIVO ———— CONDIZIONALE— IMPERATIVO

Presente	Imperfetto	Presente	Presente
esiga	esigessi	esigerei	———
esiga	esigessi	esigeresti	esigi
esiga	esigesse	esigerebbe	esiga
esigiamo	esigessimo	esigeremmo	esigiamo
esigiate	esigeste	esigereste	esigete
esigano	esigessero	esigerebbero	esigano

Inf. **Pr.**: Esigere   *Part.* **Pr.**: Esigente   *Ger.* **Pr.**: Esigendo

Si coniuga come **Esigere**:
Transigere (AV.)

■ ESPELLERE

Partic. pass.: ESPULSO
Ausil.: AVERE

INDICATIVO

Presente	Imperfetto	Passato remoto	Futuro semplice
espello	espellevo	espulsi	espellerò
espelli	espellevi	espellesti	espellerai
espelle	espelleva	espulse	espellerà
espelliamo	espellevamo	espellemmo	espelleremo
espellete	espellevate	espelleste	espellerete
espellono	espellevano	espulsero	espelleranno

CONGIUNTIVO ———— CONDIZIONALE — IMPERATIVO

Presente	Imperfetto	Presente	Presente
espella	espellessi	espellerei	———
espella	espellessi	espelleresti	espelli
espella	espellesse	espellerebbe	espella
espelliamo	espellessimo	espelleremmo	espelliamo
espelliate	espelleste	espellereste	espellete
espellano	espellessero	espellerebbero	espellano

Inf. **Pr.**: Espellere   *Part.* **Pr.**: Espellente   *Ger.* **Pr.**: Espellendo

■ FARE

Partic. pass.: FATTO
Ausil.: AVERE

INDICATIVO

Presente	Imperfetto	Passato remoto	Futuro semplice
faccio (fo)	facevo	feci	farò
fai	facevi	facesti	farai
fa	faceva	fece	farà
facciamo	facevamo	facemmo	faremo
fate	facevate	faceste	farete
fanno	facevano	fecero	faranno

CONGIUNTIVO ——— CONDIZIONALE — IMPERATIVO ———

Presente	Imperfetto	Presente	Presente
faccia	facessi	farei	——
faccia	facessi	faresti	fa'
faccia	facesse	farebbe	faccia
facciamo	facessimo	faremmo	facciamo
facciate	faceste	fareste	fate
facciano	facessero	farebbero	facciano

Inf. **Pr.**: Fare   *Part.* **Pr.**: Facente   *Ger.* **Pr.**: Facendo

Si coniugano come **Fare**:

Confarsi	(ESS.)	**Malfare**	(AV.)	**Soddisfare**	(AV.)[1]	**Stupefare**	(AV.)
Contraffare	(AV.)	**Rarefare**	(ESS.)	**Sopraffare**	(AV.)	**Torrefare**	(AV.)
Disfare	(AV.)	**Rifare**	(AV.)	**Strafare**	(AV.)		

■ FONDERE

Partic. pass.: FUSO
Ausil.: AVERE

INDICATIVO

Presente	Imperfetto	Passato remoto	Futuro semplice
fondo	fondevo	fusi	fonderò
fondi	fondevi	fondesti	fonderai
fonde	fondeva	fuse	fonderà
fondiamo	fondevamo	fondemmo	fonderemo
fondete	fondevate	fondeste	fonderete
fondono	fondevano	fusero	fonderanno

CONGIUNTIVO ————————— CONDIZIONALE — IMPERATIVO ———

Presente	Imperfetto	Presente	Presente
fonda	fondessi	fonderei	——
fonda	fondessi	fonderesti	fondi
fonda	fondesse	fonderebbe	fonda
fondiamo	fondessimo	fonderemmo	fondiamo
fondiate	fondeste	fondereste	fondete
fondano	fondessero	fonderebbero	fondano

Inf. **Pr.**: Fondere   *Part.* **Pr.**: Fondente   *Ger.* **Pr.**: Fondendo

Si coniugano come **Fondere**:

Confondere	(AV.)	**Effondere**	(AV.)	**Profondere**	(AV.)	**Trasfondere**	(AV.)
Diffondere	(AV.)	**Infondere**	(AV.)	**Rifondere**	(AV.)		

1. Al presente dell'indicativo e del congiuntivo fa anche *soddisfo* e *soddisfi*.

■ GODERE

Partic. pass.: GODUTO
Ausil.: AVERE

INDICATIVO

Presente	Imperfetto	Passato remoto	Futuro semplice
godo	godevo	godei (-etti)	godrò
godi	godevi	godesti	godrai
gode	godeva	godé (-ette)	godrà
godiamo	godevamo	godemmo	godremo
godete	godevate	godeste	godrete
godono	godevano	goderono (-ettero)	godranno

CONGIUNTIVO — CONDIZIONALE — IMPERATIVO

Presente	Imperfetto	Presente	Presente
goda	godessi	godrei (goderei)	
goda	godessi	godresti (goderesti)	godi
goda	godesse	godrebbe (goderebbe)	goda
godiamo	godessimo	godremmo	godiamo
godiate	godeste	(goderemmo)	godete
godano	godessero	godreste (godereste)	godano
		godrebbero	
		(goderebbero)	

Inf. **Pr.**: Godere   *Part.* **Pr.**: Godente   *Ger.* **Pr.**: Godendo

■ LEDERE

Partic. pass.: LESO
Ausil.: AVERE

INDICATIVO

Presente	Imperfetto	Passato remoto	Futuro semplice
ledo	ledevo	lesi	lederò
ledi	ledevi	ledesti	lederai
lede	ledeva	lese	lederà
lediamo	ledevamo	ledemmo	lederemo
ledete	ledevate	ledeste	lederete
ledono	ledevano	lesero	lederanno

CONGIUNTIVO — CONDIZIONALE — IMPERATIVO

Presente	Imperfetto	Presente	Presente
leda	ledessi	lederei	
leda	ledessi	lederesti	ledi
leda	ledesse	lederebbe	leda
lediamo	ledessimo	lederemmo	lediamo
lediate	ledeste	ledereste	ledete
ledano	ledessero	lederebbero	ledano

Inf. **Pr.**: Ledere   *Part.* **Pr.**: Ledente   *Ger.* **Pr.**: Ledendo

■ LEGGERE

Partic. pass.: LETTO
Ausil.: AVERE

INDICATIVO

Presente	Imperfetto	Passato remoto	Futuro semplice
leggo	leggevo	lessi	leggerò
leggi	leggevi	leggesti	leggerai
legge	leggeva	lesse	leggerà
leggiamo	leggevamo	leggemmo	leggeremo
leggete	leggevate	leggeste	leggerete
leggono	leggevano	lessero	leggeranno

CONGIUNTIVO ———————————— CONDIZIONALE — IMPERATIVO

Presente	Imperfetto	Presente	Presente
legga	leggessi	leggerei	———
legga	leggessi	leggeresti	leggi
legga	leggesse	leggerebbe	legga
leggiamo	leggessimo	leggeremmo	leggiamo
leggiate	leggeste	leggereste	leggete
leggano	leggessero	leggerebbero	leggano

Inf. **Pr.**: Leggere   *Part*. **Pr.**: Leggente   *Ger*. **Pr.**: Leggendo

Si coniugano come **Leggere**:

Correggere	(AV.)	**Proteggere**	(AV.)	**Rileggere**	(AV.)	**Sorreggere**	(AV.)
Eleggere	(AV.)	**Reggere**	(AV.)	**Scorreggere**	(AV.)		
Preeleggere	(AV.)	**Rileggere**	(AV.)				

■ METTERE

Partic. pass.: MESSO
Ausil.: AVERE

INDICATIVO

Presente	Imperfetto	Passato remoto	Futuro semplice
metto	mettevo	misi	metterò
metti	mettevi	mettesti	metterai
mette	metteva	mise	metterà
mettiamo	mettevamo	mettemmo	metteremo
mettete	mettevate	metteste	metterete
mettono	mettevano	misero	metteranno

CONGIUNTIVO ———————————— CONDIZIONALE — IMPERATIVO

Presente	Imperfetto	Presente	Presente
metta	mettessi	metterei	———
metta	mettessi	metteresti	metti
metta	mettesse	metterebbe	metta
mettiamo	mettessimo	metteremmo	mettiamo
mettiate	metteste	mettereste	mettete
mettano	mettessero	metterebbero	mettano

Inf. **Pr.**: Mettere   *Part*. **Pr.**: Mettente   *Ger*. **Pr.**: Mettendo

Si coniugano come **Mettere**:

Ammettere	(AV.)	**Frammettere**	(AV.)	**Permettere**	(AV.)	**Ritrasmettere**	(AV.)
Commettere	(AV.)	**Immettere**	(AV.)	**Premettere**	(AV.)	**Scommettere**	(AV.)
Compromettere	(AV.)	**Inframmettere**	(AV.)	**Promettere**	(AV.)	**Smettere**	(AV.)
Dimettere	(AV.)	**Intromettere**	(AV.)	**Riammettere**	(AV.)	**Sottomettere**	(AV.)
Discommettere	(AV.)	**Manomettere**	(AV.)	**Rimettere**	(AV.)	**Trasmettere**	(AV.)
Emettere	(AV.)	**Omettere**	(AV.)	**Ripromettere**	(AV.)		

■ MORDERE

Partic. pass.: MORSO
Ausil.: AVERE

INDICATIVO

Presente	Imperfetto	Passato remoto	Futuro semplice
mordo	mordevo	morsi	morderò
mordi	mordevi	mordesti	morderai
morde	mordeva	morse	morderà
mordiamo	mordevamo	mordemmo	morderemo
mordete	mordevate	mordeste	morderete
mordono	mordevano	morsero	morderanno

CONGIUNTIVO — CONDIZIONALE — IMPERATIVO

Presente	Imperfetto	Presente	Presente
morda	mordessi	morderei	———
morda	mordessi	morderesti	mordi
morda	mordesse	morderebbe	morda
mordiamo	mordessimo	morderemmo	mordiamo
mordiate	mordeste	mordereste	mordete
mordano	mordessero	morderebbero	mordano

Inf. **Pr**.: Mordere   *Part*. **Pr**.: Mordente   *Ger*. **Pr**.: Mordendo

Si coniuga come **Mordere**:
Rimordere (AV.)

■ MUOVERE

Partic. pass.: MOSSO
Ausil.: AVERE

INDICATIVO

Presente	Imperfetto	Passato remoto	Futuro semplice
muovo	movevo	mossi	moverò
muovi	movevi	movesti	moverai
muove	moveva	mosse	moverà
moviamo	movevamo	movemmo	moveremo
movete	movevate	moveste	moverete
muovono	movevano	mossero	moveranno

CONGIUNTIVO — CONDIZIONALE — IMPERATIVO

Presente	Imperfetto	Presente	Presente
muova	movessi	moverei	———
muova	movessi	moveresti	muovi
muova	movesse	moverebbe	muova
moviamo	movessimo	moveremmo	moviamo
moviate	moveste	movereste	movete
muovano	movessero	moverebbero	muovano

Inf. **Pr**.: Muovere   *Part*. **Pr**.: Movente   *Ger*. **Pr**.: Movendo

Si coniugano come **Muovere**:

Commuovere (AV.)	**Rimuovere** (AV.)	**Smuovere** (AV.)	**Sommuovere** (AV.)
Promuovere (AV.)			

■ NASCERE

Partic. pass.: NATO
Ausil.: ESSERE

INDICATIVO

Presente	Imperfetto	Passato remoto	Futuro semplice
nasco	nascevo	nacqui	nascerò
nasci	nascevi	nascesti	nascerai
nasce	nasceva	nacque	nascerà
nasciamo	nascevamo	nascemmo	nasceremo
nascete	nascevate	nasceste	nascerete
nascono	nascevano	nacquero	nasceranno

CONGIUNTIVO — CONDIZIONALE — IMPERATIVO

Presente	Imperfetto	Presente	Presente
nasca	nascessi	nascerei	——
nasca	nascessi	nasceresti	nasci
nasca	nascesse	nascerebbe	nasca
nasciamo	nascessimo	nasceremmo	nasciamo
nasciate	nasceste	nascereste	nascete
nascano	nascessero	nascerebbero	nascano

Inf. **Pr.**: Nascere   *Part.* **Pr.**: Nascente   *Ger.* **Pr.**: Nascendo

Si coniuga come **Nascere**:
Rinascere (ESS.)

■ NUOCERE

Partic. pass.: NOCIUTO
Ausil.: AVERE

INDICATIVO

Presente	Imperfetto	Passato remoto	Futuro semplice
noccio (nuoco)	nocevo	nocqui	nocerò
nuoci	nocevi	nocesti	nocerai
nuoce	noceva	nocque	nocerà
nociamo	nocevamo	nocemmo	noceremo
nocete	nocevate	noceste	nocerete
nocciono	nocevano	nocquero	noceranno

CONGIUNTIVO — CONDIZIONALE — IMPERATIVO

Presente	Imperfetto	Presente	Presente
noccia (nuoca)	nocessi	nocerei	——
noccia	nocessi	noceresti	nuoci
noccia	nocesse	nocerebbe	noccia
nociamo	nocessimo	noceremmo	nociamo
nociate	noceste	nocereste	nocete
nocciano	nocessero	nocerebbero	nocciano

Inf. **Pr.**: Nuocere   *Part.* **Pr.**: Nocente   *Ger.* **Pr.**: Nocendo

■ PARERE

Partic. pass.: PARSO
Ausil.: ESSERE

INDICATIVO

Presente	Imperfetto	Passato remoto	Futuro semplice
paio	parevo	parvi	parrò
pari	parevi	paresti	parrai
pare	pareva	parve	parrà
paiamo	parevamo	paremmo	parremo
parete	parevate	pareste	parrete
paiono	parevano	parvero	parranno

CONGIUNTIVO — CONDIZIONALE — IMPERATIVO

Presente	Imperfetto	Presente	Presente
paia	paressi	parrei	———
paia	paressi	parresti	———
paia	paresse	parrebbe	———
paiamo	paressimo	parremmo	———
paiate	pareste	parreste	———
paiano	paressero	parrebbero	———

Inf. **Pr.**: Parere   *Part.* **Pr.**: Parvente   *Ger.* **Pr.**: Parendo

■ PERDERE

Partic. pass.: PERSO (PERDUTO)
Ausil.: AVERE

INDICATIVO

Presente	Imperfetto	Passato remoto	Futuro semplice
perdo	perdevo	persi (-dei, -detti)	perderò
perdi	perdevi	perdesti	perderai
perde	perdeva	perse (-dé, -dette)	perderà
perdiamo	perdevamo	perdemmo	perderemo
perdete	perdevate	perdeste	perderete
perdono	perdevano	persero (-derono, -dettero)	perderanno

CONGIUNTIVO — CONDIZIONALE — IMPERATIVO

Presente	Imperfetto	Presente	Presente
perda	perdessi	perderei	———
perda	perdessi	perderesti	perdi
perda	perdesse	perderebbe	perda
perdiamo	perdessimo	perderemmo	perdiamo
perdiate	perdeste	perdereste	perdete
perdano	perdessero	perderebbero	perdano

Inf. **Pr.**: Perdere   *Part.* **Pr.**: Perdente   *Ger.* **Pr.**: Perdendo

Si coniugano come **Perdere**:
Disperdere (AV.)   **Sperdere** (AV.)

■ PIACERE

Partic. pass.: PIACIUTO
Ausil.: ESSERE

INDICATIVO

Presente	Imperfetto	Passato remoto	Futuro semplice
piaccio	piacevo	piacqui	piacerò
piaci	piacevi	piacesti	piacerai
piace	piaceva	piacque	piacerà
piacciamo	piacevamo	piacemmo	piaceremo
piacete	piacevate	piaceste	piacerete
piacciono	piacevano	piacquero	piaceranno

CONGIUNTIVO — CONDIZIONALE — IMPERATIVO

Presente	Imperfetto	Presente	Presente
piaccia	piacessi	piacerei	———
piaccia	piacessi	piaceresti	piaci
piaccia	piacesse	piacerebbe	piaccia
piacciamo	piacessimo	piaceremmo	piacciamo
piacciate	piaceste	piacereste	piacete
piacciano	piacessero	piacerebbero	piacciano

Inf. **Pr.**: Piacere   *Part.* **Pr.**: Piacente   *Ger.* **Pr.**: Piacendo

Si coniugano come **Piacere**:
Compiacere (AV.-ESS.) **Giacere** (ESS.)   **Spiacere** (ESS.)   **Tacere** (AV.)
Dispiacere (ESS.) **Soggiacere** (AV.)

■ PIANGERE

Partic. pass.: PIANTO
Ausil.: AVERE

INDICATIVO

Presente	Imperfetto	Passato remoto	Futuro semplice
piango	piangevo	piansi	piangerò
piangi	piangevi	piangesti	piangerai
piange	piangeva	pianse	piangerà
piangiamo	piangevamo	piangemmo	piangeremo
piangete	piangevate	piangeste	piangerete
piangono	piangevano	piansero	piangeranno

CONGIUNTIVO — CONDIZIONALE — IMPERATIVO

Presente	Imperfetto	Presente	Presente
pianga	piangessi	piangerei	———
pianga	piangessi	piangeresti	piangi
pianga	piangesse	piangerebbe	pianga
piangiamo	piangessimo	piangeremmo	piangiamo
piangiate	piangeste	piangereste	piangete
piangano	piangessero	piangerebbero	piangano

Inf. **Pr.**: Piangere   *Part.* **Pr.**: Piangente   *Ger.* **Pr.**: Piangendo

Si coniugano come **Piangere**:
Compiangere (AV.)   **Frangere** (AV.)   **Rimpiangere** (AV.)   **Rifrangere** (AV.)
Diffrangere (AV.)   **Infrangere** (AV.)

■ PORGERE

Partic. pass.: PORTO
Ausil.: AVERE

INDICATIVO

Presente	Imperfetto	Passato remoto	Futuro semplice
porgo	porgevo	porsi	porgerò
porgi	porgevi	porgesti	porgerai
porge	porgeva	porse	porgerà
porgiamo	porgevamo	porgemmo	porgeremo
porgete	porgevate	porgeste	porgerete
porgono	porgevano	porsero	porgeranno

CONGIUNTIVO — CONDIZIONALE — IMPERATIVO

Presente	Imperfetto	Presente	Presente
porga	porgessi	porgerei	———
porga	porgessi	porgeresti	porgi
porga	porgesse	porgerebbe	porga
porgiamo	porgessimo	porgeremmo	porgiamo
porgiate	porgeste	porgereste	porgete
porgano	porgessero	porgerebbero	porgano

Inf. **Pr.**: Porgere   *Part*. **Pr.**: Porgente   *Ger*. **Pr.**: Porgendo

Si coniugano come **Porgere**:

Accorgersi	(ESS.)	**Insorgere**	(ESS.)	**Scorgere**	(AV.)	**Sporgere**	(ESS.)
Assorgere	(ESS.)	**Risorgere**	(ESS.)	**Sorgere**	(ESS.)		

■ PORRE

Partic. pass.: POSTO
Ausil.: AVERE

INDICATIVO

Presente	Imperfetto	Passato remoto	Futuro semplice
pongo	ponevo	posi	porrò
poni	ponevi	ponesti	porrai
pone	poneva	pose	porrà
poniamo	ponevamo	ponemmo	porremo
ponete	ponevate	poneste	porrete
pongono	ponevano	posero	porranno

CONGIUNTIVO — CONDIZIONALE — IMPERATIVO

Presente	Imperfetto	Presente	Presente
ponga	ponessi	porrei	———
ponga	ponessi	porresti	poni
ponga	ponesse	porrebbe	ponga
poniamo	ponessimo	porremmo	poniamo
poniate	poneste	porreste	ponete
pongano	ponessero	porrebbero	pongano

Inf. **Pr.**: Porre   *Part*. **Pr.**: Ponente   *Ger*. **Pr.**: Ponendo

Si coniugano come **Porre**:

Anteporre	(AV.)	**Esporre**	(AV.)	**Predisporre**	(AV.)	**Scomporre**	(AV.)
Apporre	(AV.)	**Frapporre**	(AV.)	**Preporre**	(AV.)	**Soprapporre**	(AV.)
Comporre	(AV.)	**Imporre**	(AV.)	**Presupporre**	(AV.)	**Sottoporre**	(AV.)
Contrapporre	(AV.)	**Indisporre**	(AV.)	**Proporre**	(AV.)	**Sovrapporre**	(AV.)
Decomporre	(AV.)	**Interporre**	(AV.)	**Ricomporre**	(AV.)	**Sovrimporre**	(AV.)
Deporre	(AV.)	**Opporre**	(AV.)	**Riporre**	(AV.)	**Supporre**	(AV.)
Disporre	(AV.)	**Posporre**	(AV.)	**Riproporre**	(AV.)	**Trasporre**	(AV.)

■ POTERE

Partic. pass.: POTUTO
Ausil.: AVERE-ESSERE

INDICATIVO

Presente	Imperfetto	Passato remoto	Futuro semplice
posso	potevo	potei (-etti)	potrò
puoi	potevi	potesti	potrai
può	poteva	poté (-ette)	potrà
possiamo	potevamo	potemmo	potremo
potete	potevate	poteste	potrete
possono	potevano	poterono (-ettero)	potranno

CONGIUNTIVO ——— CONDIZIONALE — IMPERATIVO

Presente	Imperfetto	Presente	Presente
possa	potessi	potrei	——
possa	potessi	potresti	——
possa	potesse	potrebbe	——
possiamo	potessimo	potremmo	——
possiate	poteste	potreste	——
possano	potessero	potrebbero	——

Inf. **Pr**.: Potere   *Part*. **Pr**.: Potente   *Ger*. **Pr**.: Potendo

■ PRENDERE

Partic. pass.: PRESO
Ausil.: AVERE

INDICATIVO

Presente	Imperfetto	Passato remoto	Futuro semplice
prendo	prendevo	presi	prenderò
prendi	prendevi	prendesti	prenderai
prende	prendeva	prese	prenderà
prendiamo	prendevamo	prendemmo	prenderemo
prendete	prendevate	prendeste	prenderete
prendono	prendevano	presero	prenderanno

CONGIUNTIVO ——— CONDIZIONALE — IMPERATIVO

Presente	Imperfetto	Presente	Presente
prenda	prendessi	prenderei	——
prenda	prendessi	prenderesti	prendi
prenda	prendesse	prenderebbe	prenda
prendiamo	prendessimo	prenderemmo	prendiamo
prendiate	prendeste	prendereste	prendete
prendano	prendessero	prenderebbero	prendano

Inf. **Pr**.: Prendere   *Part*. **Pr**.: Prendente   *Gr*. **Pr**.: Prendendo

Si coniugano come **Prendere**:

Accendere	(AV.)	**Difendere**	(AV.)	**Pretendere**	(AV.)	**Sorprendere**	(AV.)
Accondiscendere	(AV.)	**Dipendere**	(ESS.)	**Protendere**	(AV.)	**Sospendere**	(AV.)
Appendere	(AV.)	**Discendere**	(ESS.)	**Rapprendere**	(ESS.)	**Sottintendere**	(AV.)
Apprendere	(AV.)	**Distendere**	(AV.)	**Rendere**	(AV.)	**Sovrintendere**	(AV.)
Arrendersi	(ESS.)	**Estendere**	(AV.)	**Riaccendere**	(AV.)	**Spendere**	(AV.)
Ascendere	(ESS.)	**Fraintendere**	(AV.)	**Ridiscendere**	(AV.)	**Stendere**	(AV.)
Attendere	(AV.)	**Imprendere**	(AV.)	**Riprendere**	(AV.)	**Tendere**	(AV.)
Comprendere	(AV.)	**Intendere**	(AV.)	**Scendere**	(AV.)	**Trascendere**	(AV.)
Condiscendere	(AV.)	**Intraprendere**	(AV.)	**Scoscendere**	(AV.)	**Vilipendere**	(AV.)
Contendere	(AV.)	**Offendere**	(AV.)	**Soprintendere**	(AV.)		

■ PUNGERE

Partic. pass.: PUNTO
Ausil.: AVERE

INDICATIVO

Presente	Imperfetto	Passato remoto	Futuro semplice
pungo	pungevo	punsi	pungerò
pungi	pungevi	pungesti	pungerai
punge	pungeva	punse	pungerà
pungiamo	pungevamo	pungemmo	pungeremo
pungete	pungevate	pungeste	pungerete
pungono	pungevano	punsero	pungeranno

CONGIUNTIVO ———————— CONDIZIONALE — IMPERATIVO ———

Presente	Imperfetto	Presente	Presente
punga	pungessi	pungerei	———
punga	pungessi	pungeresti	pungi
punga	pungesse	pungerebbe	punga
pungiamo	pungessimo	pungeremmo	pungiamo
pungiate	pungeste	pungereste	pungete
pungano	pungessero	pungerebbero	pungano

Inf. **Pr.**: Pungere   *Part.* **Pr.**: Pungente   *Ger.* **Pr.**: Pungendo

Si coniugano come **Pungere**:

Aggiungere (AV.)	**Disungere** (AV.)	**Interpungere** (AV.)	**Soggiungere** (AV.)
Compungere (AV.)	**Espungere** (AV.)	**Mungere** (AV.)	**Sopraggiungere** (ESS.)
Congiungere (AV.)	**Giungere** (ESS.)	**Raggiungere** (AV.)	**Trapungere** (AV.)
Disgiungere (AV.)	**Ingiungere** (AV.)	**Ricongiungere** (AV.)	**Ungere** (AV.)

■ RADERE

Partic. pass.: RASO
Ausil.: AVERE

INDICATIVO

Presente	Imperfetto	Passato remoto	Futuro semplice
rado	radevo	rasi	raderò
radi	radevi	radesti	raderai
rade	radeva	rase	raderà
radiamo	radevamo	rademmo	raderemo
radete	radevate	radeste	raderete
radono	radevano	rasero	raderanno

CONGIUNTIVO ———————— CONDIZIONALE — IMPERATIVO ———

Presente	Imperfetto	Presente	Presente
rada	radessi	raderei	———
rada	radessi	raderesti	radi
rada	radesse	raderebbe	rada
radiamo	radessimo	raderemmo	radiamo
radiate	radeste	radereste	radete
radano	radessero	raderebbero	radano

Inf. **Pr.**: Radere   *Part.* **Pr.**: Radente   *Ger.* **Pr.**: Radendo

Si coniugano come **Radere**:

Dissuadere (AV.)	**Evadere** (ESS.)	**Invadere** (AV.)	**Persuadere** (AV.)

■ REDIGERE

Partic. pass.: REDATTO
Ausil.: AVERE

INDICATIVO

Presente	Imperfetto	Passato remoto	Futuro semplice
redigo	redigevo	redassi (-igei)	redigerò
redigi	redigevi	redigesti	redigerai
redige	redigeva	redasse (-igé)	redigerà
redigiamo	redigevamo	redigemmo	redigeremo
redigete	redigevate	redigeste	redigerete
redigono	redigevano	redassero (-igerono)	redigeranno

CONGIUNTIVO —————————— CONDIZIONALE — IMPERATIVO ——

Presente	Imperfetto	Presente	Presente
rediga	redigessi	redigerei	——
rediga	redigessi	redigeresti	redigi
rediga	redigesse	redigerebbe	rediga
redigiamo	redigessimo	redigeremmo	redigiamo
redigiate	redigeste	redigereste	redigete
redigano	redigessero	redigerebbero	redigano

Inf. **Pr.**: Redigere   *Part.* **Pr.**: Redigente   *Ger.* **Pr.**: Redigendo

■ REDIMERE

Partic. pass.: REDENTO
Ausil.: AVERE

INDICATIVO

Presente	Imperfetto	Passato remoto	Futuro semplice
redimo	redimevo	redensi	redimerò
redimi	redimevi	redimesti	redimerai
redime	redimeva	redense	redimerà
redimiamo	redimevamo	redimemmo	redimeremo
redimete	redimevate	redimeste	redimerete
redimono	redimevano	redensero	redimeranno

CONGIUNTIVO —————————— CONDIZIONALE — IMPERATIVO ——

Presente	Imperfetto	Presente	Presente
redima	redimessi	redimerei	——
redima	redimessi	redimeresti	redimi
redima	redimesse	redimerebbe	redima
redimiamo	redimessimo	redimeremmo	redimiamo
redimiate	redimeste	redimereste	redimete
redimano	redimessero	redimerebbero	redimano

Inf. **Pr.**: Redimere   *Part.* **Pr.**: Redimente   *Ger.* **Pr.**: Redimendo

■ RIDERE

Partic. pass.: RISO
Ausil.: AVERE

INDICATIVO

Presente	Imperfetto	Passato remoto	Futuro semplice
rido	ridevo	risi	riderò
ridi	ridevi	ridesti	riderai
ride	rideva	rise	riderà
ridiamo	ridevamo	ridemmo	rideremo
ridete	ridevate	rideste	riderete
ridono	ridevano	risero	rideranno

CONGIUNTIVO ———————— CONDIZIONALE — IMPERATIVO

Presente	Imperfetto	Presente	Presente
rida	ridessi	riderei	——
rida	ridessi	rideresti	ridi
rida	ridesse	riderebbe	rida
ridiamo	ridessimo	rideremmo	ridiamo
ridiate	rideste	ridereste	ridete
ridano	ridessero	riderebbero	ridano

Inf. **Pr.**: Ridere *Part.* **Pr.**: Ridente *Ger.* **Pr.**: Ridendo

Si coniugano come **Ridere**:

Arridere	(AV.)	**Condividere**	(AV.)	**Elidere**	(AV.)	**Sorridere**	(AV.)
Assidersi	(ESS.)	**Conquidere**	(AV.)	**Incidere**	(AV.)	**Suddividere**	(AV.)
Circoncidere	(AV.)	**Decidere**	(AV.)	**Intridere**	(AV.)	**Uccidere**	(AV.)
Coincidere	(AV.)	**Deridere**	(AV.)	**Irridere**	(AV.)		
Collidere	(AV.)	**Dividere**	(AV.)	**Recidere**	(AV.)		

■ RIFULGERE

Partic. pass.: RIFULSO
Ausil.: ESSERE-AVERE

INDICATIVO

Presente	Imperfetto	Passato remoto	Futuro semplice
rifulgo	rifulgevo	rifulsi	rifulgerò
rifulgi	rifulgevi	rifulgesti	rifulgerai
rifulge	rifulgeva	rifulse	rifulgerà
rifulgiamo	rifulgevamo	rifulgemmo	rifulgeremo
rifulgete	rifulgevate	rifulgeste	rifulgerete
rifulgono	rifulgevano	rifulsero	rifulgeranno

CONGIUNTIVO ———————— CONDIZIONALE — IMPERATIVO

Presente	Imperfetto	Presente	Presente
rifulga	rifulgessi	rifulgerei	——
rifulga	rifulgessi	rifulgeresti	rifulgi
rifulga	rifulgesse	rifulgerebbe	rifulga
rifulgiamo	rifulgessimo	rifulgeremmo	rifulgiamo
rifulgiate	rifulgeste	rifulgereste	rifulgete
rifulgano	rifulgessero	rifulgerebbero	rifulgano

Inf. **Pr.**: Rifulgere *Part.* **Pr.**: Rifulgente *Ger.* **Pr.**: Rifulgendo

■ RIMANERE

Partic. pass.: RIMASTO
Ausil.: ESSERE

INDICATIVO

Presente	Imperfetto	Passato remoto	Futuro semplice
rimango	rimanevo	rimasi	rimarrò
rimani	rimanevi	rimanesti	rimarrai
rimane	rimaneva	rimase	rimarrà
rimaniamo	rimanevamo	rimanemmo	rimarremo
rimanete	rimanevate	rimaneste	rimarrete
rimangono	rimanevano	rimasero	rimarranno

CONGIUNTIVO — CONDIZIONALE — IMPERATIVO

Presente	Imperfetto	Presente	Presente
rimanga	rimanessi	rimarrei	——
rimanga	rimanessi	rimarresti	rimani
rimanga	rimanesse	rimarrebbe	rimanga
rimaniamo	rimanessimo	rimarremmo	rimaniamo
rimaniate	rimaneste	rimarreste	rimanete
rimangano	rimanessero	rimarrebbero	rimangano

Inf. **Pr.**: Rimanere   *Part.* **Pr.**: Rimanente   *Ger.* **Pr.**: Rimanendo

■ RISPONDERE

Partic. pass.: RISPOSTO
Ausil.: AVERE

INDICATIVO

Presente	Imperfetto	Passato remoto	Futuro semplice
rispondo	rispondevo	risposi	risponderò
rispondi	rispondevi	rispondesti	risponderai
risponde	rispondeva	rispose	risponderà
rispondiamo	rispondevamo	rispondemmo	risponderemo
rispondete	rispondevate	rispondeste	risponderete
rispondono	rispondevano	risposero	risponderanno

CONGIUNTIVO — CONDIZIONALE — IMPERATIVO

Presente	Imperfetto	Presente	Presente
risponda	rispondessi	risponderei	——
risponda	rispondessi	risponderesti	rispondi
risponda	rispondesse	risponderebbe	risponda
rispondiamo	rispondessimo	risponderemmo	rispondiamo
rispondiate	rispondeste	rispondereste	rispondete
rispondano	rispondessero	risponderebbero	rispondano

Inf. **Pr.**: Rispondere   *Part.* **Pr.**: Rispondente   *Ger.* **Pr.**: Rispondendo

Si coniugano come **Rispondere**:
Corrispondere (AV.)   **Nascondere** (AV.)

■ RODERE

Partic. pass.: ROSO
Ausil.: AVERE

INDICATIVO

Presente	Imperfetto	Passato remoto	Futuro semplice
rodo	rodevo	rosi	roderò
rodi	rodevi	rodesti	roderai
rode	rodeva	rose	roderà
rodiamo	rodevamo	rodemmo	roderemo
rodete	rodevate	rodeste	roderete
rodono	rodevano	rosero	roderanno

CONGIUNTIVO —— CONDIZIONALE —— IMPERATIVO

Presente	Imperfetto	Presente	Presente
roda	rodessi	roderei	———
roda	rodessi	roderesti	rodi
roda	rodesse	roderebbe	roda
rodiamo	rodessimo	roderemmo	rodiamo
rodiate	rodeste	rodereste	rodete
rodano	rodessero	roderebbero	rodano

Inf. **Pr.**: Rodere   *Part.* **Pr.**: Rodente   *Ger.* **Pr.**: Rodendo

Si coniugano come **Rodere**:
Corrodere (AV.)   **Esplodere** (AV.)

■ ROMPERE

Partic. pass.: ROTTO
Ausil.: AVERE

INDICATIVO

Presente	Imperfetto	Passato remoto	Futuro semplice
rompo	rompevo	ruppi	romperò
rompi	rompevi	rompesti	romperai
rompe	rompeva	ruppe	romperà
rompiamo	rompevamo	rompemmo	romperemo
rompete	rompevate	rompeste	romperete
rompono	rompevano	ruppero	romperanno

CONGIUNTIVO —— CONDIZIONALE —— IMPERATIVO

Presente	Imperfetto	Presente	Presente
rompa	rompessi	romperei	———
rompa	rompessi	romperesti	rompi
rompa	rompesse	romperebbe	rompa
rompiamo	rompessimo	romperemmo	rompiamo
rompiate	rompeste	rompereste	rompete
rompano	rompessero	romperebbero	rompano

Inf. **Pr.**: Rompere   *Part.* **Pr.**: Rompente   *Ger.* **Pr.**: Rompendo

Si coniugano come **Rompere**:

Corrompere (AV.)	**Erompere** (AV.)	**Irrompere** (ESS.)	**Prorompere** (AV.)
Dirompere (AV.)	**Interrompere** (AV.)		

■ SAPERE

Partic. pass.: SAPUTO
Ausil.: AVERE

INDICATIVO

Presente	Imperfetto	Passato remoto	Futuro semplice
so	sapevo	seppi	saprò
sai	sapevi	sapesti	saprai
sa	sapeva	seppe	saprà
sappiamo	sapevamo	sapemmo	sapremo
sapete	sapevate	sapeste	saprete
sanno	sapevano	seppero	sapranno

CONGIUNTIVO — CONDIZIONALE — IMPERATIVO

Presente	Imperfetto	Presente	Presente
sappia	sapessi	saprei	———
sappia	sapessi	sapresti	sappi
sappia	sapesse	saprebbe	sappia
sappiamo	sapessimo	sapremmo	sappiamo
sappiate	sapeste	sapreste	sappiate
sappiano	sapessero	saprebbero	sappiano

Inf. **Pr.**: Sapere   *Part*. **Pr.**: Sapiente   *Ger*. **Pr.**: Sapendo

Si coniuga come **Sapere**:
Risapere (AV.)

■ SCEGLIERE

Partic. pass.: SCELTO
Ausil.: AVERE

INDICATIVO

Presente	Imperfetto	Passato remoto	Futuro semplice
scelgo	sceglievo	scelsi	sceglierò
scegli	sceglievi	scegliesti	sceglierai
sceglie	sceglieva	scelse	sceglierà
scegliamo	sceglievamo	scegliemmo	sceglieremo
scegliete	sceglievate	sceglieste	sceglierete
scelgono	sceglievano	scelsero	sceglieranno

CONGIUNTIVO — CONDIZIONALE — IMPERATIVO

Presente	Imperfetto	Presente	Presente
scelga	scegliessi	sceglierei	———
scelga	scegliessi	sceglieresti	scegli
scelga	scegliesse	sceglierebbe	scelga
scegliamo	scegliessimo	sceglieremmo	scegliamo
scegliate	sceglieste	scegliereste	scegliete
scelgano	scegliessero	sceglierebbero	scelgano

Inf. **Pr.**: Scegliere   *Part*. **Pr.**: Scegliente   *Ger*. **Pr.**: Scegliendo

Si coniuga come **Scegliere**:
Prescegliere (AV.)

■ SCINDERE

Partic. pass.: SCISSO
Ausil.: AVERE

INDICATIVO

Presente	Imperfetto	Passato remoto	Futuro semplice
scindo	scindevo	scissi	scinderò
scindi	scindevi	scindesti	scinderai
scinde	scindeva	scisse	scinderà
scindiamo	scindevamo	scindemmo	scinderemo
scindete	scindevate	scindeste	scinderete
scindono	scindevano	scissero	scinderanno

CONGIUNTIVO — CONDIZIONALE — IMPERATIVO

Presente	Imperfetto	Presente	Presente
scinda	scindessi	scinderei	———
scinda	scindessi	scinderesti	scindi
scinda	scindesse	scinderebbe	scinda
scindiamo	scindessimo	scinderemmo	scindiamo
scindiate	scindeste	scindereste	scindete
scindano	scindessero	scinderebbero	scindano

Inf. **Pr.**: Scindere   *Part.* **Pr.**: Scindente   *Ger.* **Pr.**: Scindendo

Si coniugano come **Scindere**:
Prescindere (AV.)   **Rescindere** (AV.)

■ SCRIVERE

Partic. pass.: SCRITTO
Ausil.: AVERE

INDICATIVO

Presente	Imperfetto	Passato remoto	Futuro semplice
scrivo	scrivevo	scrissi	scriverò
scrivi	scrivevi	scrivesti	scriverai
scrive	scriveva	scrisse	scriverà
scriviamo	scrivevamo	scrivemmo	scriveremo
scrivete	scrivevate	scriveste	scriverete
scrivono	scrivevano	scrissero	scriveranno

CONGIUNTIVO — CONDIZIONALE — IMPERATIVO

Presente	Imperfetto	Presente	Presente
scriva	scrivessi	scriverei	———
scriva	scrivessi	scriveresti	scrivi
scriva	scrivesse	scriverebbe	scriva
scriviamo	scrivessimo	scriveremmo	scriviamo
scriviate	scriveste	scrivereste	scrivete
scrivano	scrivessero	scriverebbero	scrivano

Inf. **Pr.**: Scrivere   *Part.* **Pr.**: Scrivente   *Ger.* **Pr.**: Scrivendo

Si coniugano come **Scrivere**:

Ascrivere (AV.)	**Inscrivere** (AV.)	**Proscrivere** (AV.)	**Trascrivere** (AV.)
Circoscrivere (AV.)	**Iscrivere** (AV.)	**Riscrivere** (AV.)	
Descrivere (AV.)	**Prescrivere** (AV.)	**Sottoscrivere** (AV.)	

■ SCUOTERE

Partic. pass.: SCOSSO
Ausil.: AVERE

INDICATIVO

Presente	Imperfetto	Passato remoto	Futuro semplice
scuoto	scotevo	scossi	scoterò
scuoti	scotevi	scotesti	scoterai
scuote	scoteva	scosse	scoterà
scotiamo	scotevamo	scotemmo	scoteremo
scotete	scotevate	scoteste	scoterete
scuotono	scotevano	scossero	scoteranno

CONGIUNTIVO — CONDIZIONALE — IMPERATIVO

Presente	Imperfetto	Presente	Presente
scuota	scotessi	scoterei	——
scuota	scotessi	scoteresti	scuoti
scuota	scotesse	scoterebbe	scuota
scotiamo	scotessimo	scoteremmo	scotiamo
scotiate	scoteste	scotereste	scotete
scuotano	scotessero	scoterebbero	scuotano

Inf. **Pr.**: Scuotere   *Part.* **Pr.**: Scotente   *Ger.* **Pr.**: Scotendo

Si coniugano come **Scuotere**:
Percuotere (AV.)   **Ripercuotere** (AV.-ESS.)   **Riscuotere** (AV.)

■ SEDERE

Partic. pass.: SEDUTO
Ausil.: AVERE[1]

INDICATIVO

Presente	Imperfetto	Passato remoto	Futuro semplice
siedo (seggo)	sedevo	sedei (-etti)	sederò
siedi	sedevi	sedesti	sederai
siede	sedeva	sedé (-ette)	sederà
sediamo	sedevamo	sedemmo	sederemo
sedete	sedevate	sedeste	sederete
siedono (seggono)	sedevano	sederono (-ettero)	sederanno

CONGIUNTIVO — CONDIZIONALE — IMPERATIVO

Presente	Imperfetto	Presente	Presente
sieda (segga)	sedessi	sederei	——
sieda (segga)	sedessi	sederesti	siedi
sieda (segga)	sedesse	sederebbe	sieda (segga)
sediamo	sedessimo	sederemmo	sediamo
sediate	sedeste	sedereste	sedete
siedano (seggano)	sedessero	sederebbero	siedano (seggano)

Inf. **Pr.**: Sedere   *Part.* **Pr.**: Sedente   *Ger.* **Pr.**: Sedendo

Si coniugano come **Sedere**:
Possedere (AV.)   **Risedere** (AV.)   **Soprassedere** (AV.)

---

1. Quando il verbo SEDERE indica « stato » prende l'ausiliare *essere*.

■ SPARGERE

Partic. pass.: SPARSO (SPARTO)
Ausil.: AVERE

INDICATIVO

Presente	Imperfetto	Passato remoto	Futuro semplice
spargo	spargevo	sparsi	spargerò
spargi	spargevi	spargesti	spargerai
sparge	spargeva	sparse	spargerà
spargiamo	spargevamo	spargemmo	spargeremo
spargete	spargevate	spargeste	spargerete
spargono	spargevano	sparsero	spargeranno

CONGIUNTIVO — CONDIZIONALE — IMPERATIVO

Presente	Imperfetto	Presente	Presente
sparga	spargessi	spargerei	———
sparga	spargessi	spargeresti	spargi
sparga	spargesse	spargerebbe	sparga
spargiamo	spargessimo	spargeremmo	spargiamo
spargiate	spargeste	spargereste	spargete
spargano	spargessero	spargerebbero	spargano

Inf. **Pr.**: Spargere   *Part.* **Pr.**: Spargente   *Ger.* **Pr.**: Spargendo

Si coniuga come **Spargere**:
Cospargere (AV.)

■ SPEGNERE

Partic. pass.: SPENTO
Ausil.: AVERE

INDICATIVO

Presente	Imperfetto	Passato remoto	Futuro semplice
spengo	spegnevo	spensi	spegnerò
spegni	spegnevi	spegnesti	spegnerai
spegne	spegneva	spense	spegnerà
spegniamo	spegnevamo	spegnemmo	spegneremo
spegnete	spegnevate	spegneste	spegnerete
spengono	spegnevano	spensero	spegneranno

CONGIUNTIVO — CONDIZIONALE — IMPERATIVO

Presente	Imperfetto	Presente	Presente
spenga	spegnessi	spegnerei	———
spenga	spegnessi	spegneresti	spegni
spenga	spegnesse	spegnerebbe	spenga
spegniamo	spegnessimo	spegneremmo	spegniamo
spegniate	spegneste	spegnereste	spegnete
spengano	spegnessero	spegnerebbero	spengano

Inf. **Pr.**: Spegnere   *Part.* **Pr.**: Spegnente   *Ger.* **Pr.**: Spegnendo

Si coniuga come **Spegnere**:
Spengere (AV.)

■ STRINGERE

Partic. pass.: STRETTO
Ausil.: AVERE

INDICATIVO

Presente	Imperfetto	Passato remoto	Futuro semplice
stringo	stringevo	strinsi	stringerò
stringi	stringevi	stringesti	stringerai
stringe	stringeva	strinse	stringerà
stringiamo	stringevamo	stringemmo	stringeremo
stringete	stringevate	stringeste	stringerete
stringono	stringevano	strinsero	stringeranno

CONGIUNTIVO — CONDIZIONALE — IMPERATIVO

Presente	Imperfetto	Presente	Presente
stringa	stringessi	stringerei	——
stringa	stringessi	stringeresti	stringi
stringa	stringesse	stringerebbe	stringa
stringiamo	stringessimo	stringeremmo	stringiamo
stringiate	stringeste	stringereste	stringete
stringano	stringessero	stringerebbero	stringano

Inf. **Pr.**: Stringere *Part.* **Pr.**: Stringente *Ger.* **Pr.**: Stringendo

Si coniugano come **Stringere**:
Astringere (AV.) **Costringere** (AV.) **Restringere** (AV.) **Ristringere** (AV.)

■ STRUGGERE

Partic. pass.: STRUTTO
Ausil.: AVERE

INDICATIVO

Presente	Imperfetto	Passato remoto	Futuro semplice
struggo	struggevo	strussi	struggerò
struggi	struggevi	struggesti	struggerai
strugge	struggeva	strusse	struggerà
struggiamo	struggevamo	struggemmo	struggeremo
struggete	struggevate	struggeste	struggerete
struggono	struggevano	strussero	struggeranno

CONGIUNTIVO — CONDIZIONALE — IMPERATIVO

Presente	Imperfetto	Presente	Presente
strugga	struggessi	struggerei	——
strugga	struggessi	struggeresti	struggi
strugga	struggesse	struggerebbe	strugga
struggiamo	struggessimo	struggeremmo	struggiamo
struggiate	struggeste	struggereste	struggete
struggano	struggessero	struggerebbero	struggano

Inf. **Pr.**: Struggere *Part.* **Pr.**: Struggente *Ger.* **Pr.**: Struggendo

Si coniuga come **Struggere**:
Distruggere (AV.)

■ TENERE

Partic. pass.: TENUTO
Ausil.: AVERE

INDICATIVO

Presente	Imperfetto	Passato remoto	Futuro semplice
tengo	tenevo	tenni	terrò
tieni	tenevi	tenesti	terrai
tiene	teneva	tenne	terrà
teniamo	tenevamo	tenemmo	terremo
tenete	tenevate	teneste	terrete
tengono	tenevano	tennero	terranno

CONGIUNTIVO — CONDIZIONALE — IMPERATIVO

Presente	Imperfetto	Presente	Presente
tenga	tenessi	terrei	——
tenga	tenessi	terresti	tieni
tenga	tenesse	terrebbe	tenga
teniamo	tenessimo	terremmo	teniamo
teniate	teneste	terreste	tenete
tengano	tenessero	terrebbero	tengano

Inf. **Pr.**: Tenere   *Part.* **Pr.**: Tenente   *Ger.* **Pr.**: Tenendo

Si coniugano come **Tenere:**

Appartenere (AV.)	**Contenere** (AV.)	**Mantenere** (AV.)	**Ritenere** (AV.)
Astenersi (ESS.)	**Detenere** (AV.)	**Ottenere** (AV.)	**Sostenere** (AV.)
Attenere (AV.)	**Intrattenere** (AV.)	**Rattenere** (AV.)	**Trattenere** (AV.)

■ TORCERE

Partic. pass.: TORTO
Ausil.: AVERE

INDICATIVO

Presente	Imperfetto	Passato remoto	Futuro semplice
torco	torcevo	torsi	torcerò
torci	torcevi	torcesti	torcerai
torce	torceva	torse	torcerà
torciamo	torcevamo	torcemmo	torceremo
torcete	torcevate	torceste	torcerete
torcono	torcevano	torsero	torceranno

CONGIUNTIVO — CONDIZIONALE — IMPERATIVO

Presente	Imperfetto	Presente	Presente
torca	torcessi	torcerei	——
torca	torcessi	torceresti	torci
torca	torcesse	torcerebbe	torca
torciamo	torcessimo	torceremmo	torciamo
torciate	torceste	torcereste	torcete
torcano	torcessero	torcerebbero	torcano

Inf. **Pr.**: Torcere   *Part.* **Pr.**: Torcente   *Ger.* **Pr.**: Torcendo

Si coniugano come **Torcere:**

Attorcere (AV.)	**Distorcere** (AV.)	**Ritorcere** (AV.)	**Storcere** (AV.)
Contorcere (AV.)	**Estorcere** (AV.)	**Scontorcere** (AV.)	

■ TRARRE

Partic. pass.: TRATTO
Ausil.: AVERE

INDICATIVO

Presente	Imperfetto	Passato remoto	Futuro semplice
traggo	traevo	trassi	trarrò
trai	traevi	traesti	trarrai
trae	traeva	trasse	trarrà
traiamo	traevamo	traemmo	trarremo
traete	traevate	traeste	trarrete
traggono	traevano	trassero	trarranno

CONGIUNTIVO ——————— CONDIZIONALE —— IMPERATIVO

Presente	Imperfetto	Presente	Presente
tragga	traessi	trarrei	———
tragga	traessi	trarresti	trai
tragga	traesse	trarrebbe	tragga
traiamo	traessimo	trarremmo	traiamo
traiate	traeste	trarreste	traete
traggano	traessero	trarrebbero	traggano

Inf. **Pr.**: Trarre   *Part.* **Pr.**: Traente   *Ger.* **Pr.**: Traendo

Si coniugano come **Trarre:**

Astrarre	(AV.)	Detrarre	(AV.)	Protrarre	(AV.)	Sottrarre	(AV.)
Attrarre	(AV.)	Distrarre	(AV.)	Rattrarre	(AV.)		
Contrarre	(AV.)	Estrarre	(AV.)	Ritrarre	(AV.)		

■ VALERE

Partic. pass.: VALSO
Ausil.: ESSERE

INDICATIVO

Presente	Imperfetto	Passato remoto	Futuro semplice
valgo	valevo	valsi	varrò
vali	valevi	valesti	varrai
vale	valeva	valse	varrà
valiamo	valevamo	valemmo	varremo
valete	valevate	valeste	varrete
valgono	valevano	valsero	varranno

CONGIUNTIVO ——————— CONDIZIONALE —— IMPERATIVO

Presente	Imperfetto	Presente	Presente
valga	valessi	varrei	———
valga	valessi	varresti	———
valga	valesse	varrebbe	———
valiamo	valessimo	varremmo	———
valiate	valeste	varreste	———
valgano	valessero	varrebbero	———

Inf. **Pr.**: Valere   *Part.* **Pr.**: Valente   *Ger.* **Pr.**: Valendo

Si coniugano come **Valere:**

Equivalere (AV.)	Invalere (ESS.)	Prevalere (ESS.-AV.)

■ VEDERE

Partic. pass.: VEDUTO (VISTO)
Ausil.: AVERE

INDICATIVO

Presente	Imperfetto	Passato remoto	Futuro semplice
vedo (veggo)	vedevo	vidi	vedrò
vedi	vedevi	vedesti	vedrai
vede	vedeva	vide	vedrà
vediamo	vedevamo	vedemmo	vedremo
vedete	vedevate	vedeste	vedrete
vedono	vedevano	videro	vedranno

CONGIUNTIVO — CONDIZIONALE — IMPERATIVO

Presente	Imperfetto	Presente	Presente
veda (vegga)	vedessi	vedrei	———
veda (vegga)	vedessi	vedresti	vedi
veda (vegga)	vedesse	vedrebbe	veda
vediamo	vedessimo	vedremmo	vediamo
vediate	vedeste	vedreste	vedete
vedano (veggano)	vedessero	vedrebbero	vedano

Inf. **Pr.**: Vedere   *Part.* **Pr.**: Vedente   *Ger.* **Pr.**: Vedendo

Si coniugano come **Vedere**:

Antivedere (AV.)	**Prevedere** (AV.)	**Rivedere** (AV.)	**Stravedere** (AV.)
Avvedersi (ESS.)	**Provvedere** (AV.)	**Sprovvedere** (AV.)	**Travedere** (AV.)
Intravedere (AV.)	**Ravvedersi** (ESS.)		

■ VINCERE

Partic. pass.: VINTO
Ausil.: AVERE

INDICATIVO

Presente	Imperfetto	Passato remoto	Futuro semplice
vinco	vincevo	vinsi	vincerò
vinci	vincevi	vincesti	vincerai
vince	vinceva	vinse	vincerà
vinciamo	vincevamo	vincemmo	vinceremo
vincete	vincevate	vinceste	vincerete
vincono	vincevano	vinsero	vinceranno

CONGIUNTIVO — CONDIZIONALE — IMPERATIVO

Presente	Imperfetto	Presente	Presente
vinca	vincessi	vincerei	———
vinca	vincessi	vinceresti	vinci
vinca	vincesse	vincerebbe	vinca
vinciamo	vincessimo	vinceremmo	vinciamo
vinciate	vinceste	vincereste	vincete
vincano	vincessero	vincerebbero	vincano

Inf. **Pr.**: Vincere   *Part.* **Pr.**: Vincente   *Ger.* **Pr.**: Vincendo

Si coniugano come **Vincere**:

Avvincere (AV.)	**Evincere** (AV.)	**Rivincere** (AV.)	**Stravincere** (AV.)
Convincere (AV.)			

■ VIVERE

Partic. pass.: VISSUTO
Ausil.: AVERE-ESSERE

INDICATIVO

Presente	Imperfetto	Passato remoto	Futuro semplice
vivo	vivevo	vissi	vivrò
vivi	vivevi	vivesti	vivrai
vive	viveva	visse	vivrà
viviamo	vivevamo	vivemmo	vivremo
vivete	vivevate	viveste	vivrete
vivono	vivevano	vissero	vivranno

CONGIUNTIVO — CONDIZIONALE — IMPERATIVO

Presente	Imperfetto	Presente	Presente
viva	vivessi	vivrei	——
viva	vivessi	vivresti	vivi
viva	vivesse	vivrebbe	viva
viviamo	vivessimo	vivremmo	viviamo
viviate	viveste	vivreste	vivete
vivano	vivessero	vivrebbero	vivano

Inf. **Pr.**: Vivere   *Part.* **Pr.**: Vivente   *Ger.* **Pr.**: Vivendo

Si coniugano come **Vivere**:
Convivere (ESS.)   **Rivivere** (AV.)   **Sopravvivere** (ESS.)

■ VOLERE

Partic. pass.: VOLUTO
Ausil.: AVERE

INDICATIVO

Presente	Imperfetto	Passato remoto	Futuro semplice
voglio	volevo	volli	vorrò
vuoi	volevi	volesti	vorrai
vuole	voleva	volle	vorrà
vogliamo	volevamo	volemmo	vorremo
volete	volevate	voleste	vorrete
vogliono	volevano	vollero	vorranno

CONGIUNTIVO — CONDIZIONALE — IMPERATIVO

Presente	Imperfetto	Presente	Presente
voglia	volessi	vorrei	——
voglia	volessi	vorresti	vogli
voglia	volesse	vorrebbe	voglia
vogliamo	volessimo	vorremmo	vogliamo
vogliate	voleste	vorreste	vogliate
vogliano	volessero	vorrebbero	vogliano

Inf. **Pr.**: Volere   *Part.* **Pr.**: Volente   *Ger.* **Pr.**: Volendo

Si coniuga come **Volere**:
Rivolere (AV.)

■ VOLGERE

Partic. pass.: VOLTO
Ausil.: AVERE

INDICATIVO

Presente	Imperfetto	Passato remoto	Futuro semplice
volgo	volgevo	volsi	volgerò
volgi	volgevi	volgesti	volgerai
volge	volgeva	volse	volgerà
volgiamo	volgevamo	volgemmo	volgeremo
volgete	volgevate	volgeste	volgerete
volgono	volgevano	volsero	volgeranno

CONGIUNTIVO — CONDIZIONALE — IMPERATIVO

Presente	Imperfetto	Presente	Presente
volga	volgessi	volgerei	———
volga	volgessi	volgeresti	volgi
volga	volgesse	volgerebbe	volga
volgiamo	volgessimo	volgeremmo	volgiamo
volgiate	volgeste	volgereste	volgete
volgano	volgessero	volgerebbero	volgano

Inf. **Pr.**: Volgere   *Part.* **Pr.**: Volgente   *Ger.* **Pr.**: Volgendo

Si coniugano come **Volgere**:

Avvolgere	(AV.)	**Involgere**	(AV.)	**Sconvolgere**	(AV.)	**Svolgere**	(AV.)
Capovolgere	(AV.)	**Ravvolgere**	(AV.)	**Stravolgere**	(AV.)	**Travolgere**	(AV.)
Coinvolgere	(AV.)	**Rivolgere**	(AV.)				

VERBI IRREGOLARI
DELLA TERZA CONIUGAZIONE

■ APPARIRE

Partic. pass.: APPARSO (APPARITO)
Ausil.: ESSERE

INDICATIVO

Presente	Imperfetto	Passato remoto	Futuro semplice
appaio (-risco)	apparivo	apparii (-arsi, -arvi)	apparirò
appari (-risci)	apparivi	apparisti	apparirai
appare (-risce)	appariva	apparí (-arse, -arve)	apparirà
appariamo	apparivamo	apparimmo	appariremo
apparite	apparivate	appariste	apparirete
appaiono (-riscono)	apparivano	apparirono (-arsero, -arvero)	appariranno

CONGIUNTIVO — CONDIZIONALE — IMPERATIVO

Presente	Imperfetto	Presente	Presente
appaia (-risca)	apparissi	apparirei	———
appaia (-risca)	apparissi	appariresti	appari (-risci)
appaia (-risca)	apparisse	apparirebbe	appaia (-risca)
appariamo	apparissimo	appariremmo	appariamo
appariate	appariste	apparireste	apparite
appaiano (-riscano)	apparissero	apparirebbero	appaiano (-riscano)

Inf. **Pr.**: Apparire   *Part.* **Pr.**: Apparente   *Ger.* **Pr.**: Apparendo

Si coniugano come **Apparire**:

Comparire (ESS.)	**Riapparire** (ESS.)	**Ricomparire** (ESS.) **Scomparire** (ESS.)	**Trasparire** (ESS.)

■ APRIRE

Partic.: pass.: APERTO
Ausil.: AVERE

INDICATIVO

Presente	Imperfetto	Passato remoto	Futuro semplice
apro	aprivo	aprii (-ersi)	aprirò
apri	aprivi	apristi	aprirai
apre	apriva	aprí (-erse)	aprirà
apriamo	aprivamo	aprimmo	apriremo
aprite	aprivate	apriste	aprirete
aprono	aprivano	aprirono (-ersero)	apriranno

CONGIUNTIVO — CONDIZIONALE — IMPERATIVO

Presente	Imperfetto	Presente	Presente
apra	aprissi	aprirei	———
apra	aprissi	apriresti	apri
apra	aprisse	aprirebbe	apra
apriamo	aprissimo	apriremmo	apriamo
apriate	apriste	aprireste	aprite
aprano	aprissero	aprirebbero	aprano

Inf. **Pr.**: Aprire   *Part.* **Pr.**: ———   *Ger.* **Pr.**: Aprendo

Si coniugano come **Aprire**:

Coprire (AV.)	**Riaprire** (AV.)	**Riscoprire** (AV.)	**Soffrire** (AV.)
Discoprire (AV.)	**Ricoprire** (AV.)	**Scoprire** (AV.)	
Offrire (AV.)	**Ricovrire** (AV.)	**Scovrire** (AV.)	

■ CUCIRE

Partic. pass.: CUCITO
Ausil.: AVERE

INDICATIVO

Presente	Imperfetto	Passato remoto	Futuro semplice
cucio	cucivo	cucii	cucirò
cuci	cucivi	cucisti	cucirai
cuce	cuciva	cucí	cucirà
cuciamo	cucivamo	cucimmo	cuciremo
cucite	cucivate	cuciste	cucirete
cuciono	cucivano	cucirono	cuciranno

CONGIUNTIVO ——————— CONDIZIONALE —— IMPERATIVO ——

Presente	Imperfetto	Presente	Presente
cucia	cucissi	cucirei	———
cucia	cucissi	cuciresti	cuci
cucia	cucisse	cucirebbe	cucia
cuciamo	cucissimo	cuciremmo	cuciamo
cuciate	cuciste	cucireste	cucite
cuciano	cucissero	cucirebbero	cuciano

Inf. **Pr.**: Cucire   *Part.* **Pr.**: Cucente   *Ger.* **Pr.**: Cucendo

Si coniugano come **Cucire**:
Ricucire (AV.)   **Scucire** (AV.)   **Sdrucire** (AV.)

■ MORIRE

Partic. pass.: MORTO
Ausil.: ESSERE

INDICATIVO

Presente	Imperfetto	Passato remoto	Futuro semplice
muoio	morivo	morii	morirò (morrò)
muori	morivi	moristi	morirai (morrai)
muore	moriva	morí	morirà (morrà)
moriamo	morivamo	morimmo	moriremo (morremo)
morite	morivate	moriste	morirete (morrete)
muoiono	morivano	morirono	moriranno (morranno)

CONGIUNTIVO ——————— CONDIZIONALE —— IMPERATIVO ——

Presente	Imperfetto	Presente	Presente
muoia	morissi	morirei (morrei)	———
muoia	morissi	moriresti (morresti)	muori
muoia	morisse	morirebbe (morrebbe)	muoia
moriamo	morissimo	moriremmo (morremmo)	moriamo
moriate	moriste	morireste (morreste)	morite
muoiano	morissero	morirebbero (morrebbero)	muoiano

Inf. **Pr.**: Morire   *Part.* **Pr.**: Morente   *Ger.* **Pr.**: Morendo

Si coniugano come **Morire**:
Premorire (ESS.)   **Rimorire** (ESS.)   **Smorire** (ESS.)

■ SALIRE

Partic. pass.: SALITO
Ausil.: AVERE-ESSERE

INDICATIVO

Presente	Imperfetto	Passato remoto	Futuro semplice
salgo	salivo	salii	salirò
sali	salivi	salisti	salirai
sale	saliva	salí	salirà
saliamo	salivamo	salimmo	saliremo
salite	salivate	saliste	salirete
salgono	salivano	salirono	saliranno

CONGIUNTIVO ———— CONDIZIONALE —— IMPERATIVO ——

Presente	Imperfetto	Presente	Presente
salga	salissi	salirei	———
salga	salissi	saliresti	sali
salga	salisse	salirebbe	salga
saliamo	salissimo	saliremmo	saliamo
saliate	saliste	salireste	salite
salgano	salissero	salirebbero	salgano

Inf. **Pr.**: Salire   *Part.* **Pr.**: Saliente   *Ger.* **Pr.**: Salendo

Si coniugano come **Salire**:
Assalire (AV.)[1]   **Risalire** (AV.)

■ UDIRE

Partic. pass.: UDITO
Ausil.: AVERE

INDICATIVO

Presente	Imperfetto	Passato remoto	Futuro semplice
odo	udivo	udii	udirò (udrò)
odi	udivi	udisti	udirai (udrai)
ode	udiva	udí	udirà (udrà)
udiamo	udivamo	udimmo	udiremo (udremo)
udite	udivate	udiste	udirete (udrete)
odono	udivano	udirono	udiranno (udranno)

CONGIUNTIVO ———— CONDIZIONALE —— IMPERATIVO ——

Presente	Imperfetto	Presente	Presente
oda	udissi	udirei (udrei)	———
oda	udissi	udiresti (udresti)	odi
oda	udisse	udirebbe (udrebbe)	oda
udiamo	udissimo	udiremmo (udremmo)	udiamo
udiate	udiste	udireste (udreste)	udite
odano	udissero	udirebbero (udrebbero)	odano

Inf. **Pr.**: Udire   *Part.* **Pr.**: Udente   *Ger.* **Pr.**: Udendo

1. Al presente indicativo e congiuntivo ha anche le forme in *-isco* e in *-isca*.

■ USCIRE

Partic. pass.: USCITO
Ausil.: ESSERE

INDICATIVO

Presente	Imperfetto	Passato remoto	Futuro semplice
esco	uscivo	uscii	uscirò
esci	uscivi	uscisti	uscirai
esce	usciva	uscí	uscirà
usciamo	uscivamo	uscimmo	usciremo
uscite	uscivate	usciste	uscirete
escono	uscivano	uscirono	usciranno

CONGIUNTIVO ———— CONDIZIONALE —— IMPERATIVO

Presente	Imperfetto	Presente	Presente
esca	uscissi	uscirei	———
esca	uscissi	usciresti	esci
esca	uscisse	uscirebbe	esca
usciamo	uscissimo	usciremmo	usciamo
usciate	usciste	uscireste	uscite
escano	uscissero	uscirebbero	escano

Inf. **Pr.**: Uscire   *Part.* **Pr.**: Uscente   *Ger.* **Pr.**: Uscendo

Si coniugano come **Uscire**:
Escire (ESS.)   **Riescire** (ESS.)   **Riuscire** (ESS.)

■ VENIRE

Partic. pass.: VENUTO
Ausil.: ESSERE

INDICATIVO

Presente	Imperfetto	Passato remoto	Futuro semplice
vengo	venivo	venni	verrò
vieni	venivi	venisti	verrai
viene	veniva	venne	verrà
veniamo	venivamo	venimmo	verremo
venite	venivate	veniste	verrete
vengono	venivano	vennero	verranno

CONGIUNTIVO ———— CONDIZIONALE —— IMPERATIVO

Presente	Imperfetto	Presente	Presente
venga	venissi	verrei	———
venga	venissi	verresti	vieni
venga	venisse	verrebbe	venga
veniamo	venissimo	verremmo	veniamo
veniate	veniste	verreste	venite
vengano	venissero	verrebbero	vengano

Inf. **Pr.**: Venire   *Part.* **Pr.**: Veniente   *Ger.* **Pr.**: Venendo

Si coniugano come **Venire**:

Addivenire (ESS.)	**Divenire** (ESS.)	**Provenire** (ESS.)	**Sconvenire** (ESS.)
Avvenire (ESS.)	**Intervenire** (ESS.)	**Riconvenire** (AV.)	**Sopravvenire** (ESS.)
Contravvenire (AV.)	**Pervenire** (ESS.)	**Rinvenire** (AV.-ESS.)	**Sovvenire** (AV.)
Convenire (AV.-ESS.)	**Prevenire** (AV.)	**Rivenire** (ESS.)	**Svenire** (ESS.)[1]

1. Al futuro e al condizionale presente fa rispettivamente *svenirò* e *svenirei*.

NOTE SULLA TERZA CONIUGAZIONE

Verbi che hanno le forme del 1° gruppo e si coniugano come SENTIRE:

(Es.: acconsent-o, acconsent-i, acconsent-e, acconsent-iamo, acconsent-ite, acconsent-ono):

1. Acconsentire
2. Addormirsi
3. Assentire
4. Asservire
5. Avvertire
6. Bollire
7. Conseguire
8. Consentire
9. Convertire
10. Disinvestire
11. Dissentire
12. Disservire
13. Divertire
14. Dormire
15. Fuggire
16. Invertire
17. Investire
18. Partire (= allontanarsi)
19. Pentirsi
20. Preavvertire
21. Proseguire
22. Riavvertire
23. Ribollire
24. Riconsentire
25. Riconvertire
26. Ridormire
27. Rifuggire
28. Rinvertire
29. Rinvestire
30. Ripartire (= allontanarsi di nuovo)
31. Ripentirsi
32. Risentire
33. Riservire
34. Rivestire
35. Seguire
36. Servire
37. Sfuggire
38. Sobbollire
39. Sovvertire
40. Susseguire
41. Svestire
42. Trasentire
43. Travestire
44. Vestire

Verbi che hanno le forme di ambedue i gruppi e si coniugano come SENTIRE e CAPIRE:

(Es.: aborr-o, aborr-i, aborr-e, aborr-iamo, aborr-ite, aborr-ono; abborr-isco, aborr-isc-i, aborr-isc-e, aborr-iamo, aborr-ite, aborr-isc-ono):

1. Aborrire
2. Apparire
3. Applaudire
4. Assorbire
5. Comparire
6. Compartire
7. Disacidire
8. Inghiottire
9. Languire
10. Mentire
11. Muggire
12. Nutrire
13. Plaudire
14. Riapparire
15. Riassorbire
16. Ricomparire
17. Ruggire
18. Scomparire
19. Sorbire
20. Sortire
21. Spoltrire
22. Starnutire
23. Tossire
24. Trasparire

VERBI IMPERSONALI

I verbi impersonali esprimono un'azione o uno stato che non si può attribuire ad una persona o cosa determinata. Essi indicano fenomeni atmosferici e sono usati soltanto all'infinito e alla 3ª persona singolare dei vari tempi.

Es.: *Piovere, piove, pioveva, pioverà, è piovuto,* ecc.

Nella coniugazione essi seguono i modelli segnati a fianco, prendendo, nei tempi composti, *preferibilmente* l'ausiliare *essere.*

Albeggiare	. . .	si coniuga come	. . .			mangiare
Annottare	. . .	»	»	»	. . .	parlare
Balenare	. . .	»	»	»	. . .	parlare
Diluviare	. . .	»	»	»	. . .	studiare
Grandinare	. . .	»	»	»	. . .	parlare
Lampeggiare	. . .	»	»	»	. . .	mangiare
Nevicare	. . .	»	»	»	. . .	mancare
Piovere[1]	. . .	»	»	»	. . .	bere
Spiovere	. . .	»	»	»	. . .	bere
Tonare	. . .	»	»	»	. . .	parlare

Vi sono altri verbi, usati anch'essi impersonalmente, che, a volte, possono essere preceduti dalle particelle pronominali: *mi, ti, ci, vi, si, gli, le.* Es.: *Accade che..., mi pare che...,* ecc.
Si coniugano come i modelli segnati a fianco soltanto alla 3ª persona singolare e nei tempi composti prendono l'ausiliare *essere.*

Accadere	. . .	si coniuga come	. . .			cadere
Avvenire	. . .	»	»	»	. . .	venire
Bastare	. . .	»	»	»	. . .	parlare
Bisognare	. . .	»	»	»	. . .	parlare
Convenire	. . .	»	»	»	. . .	venire
Importare	. . .	»	»	»	. . .	parlare
Occorrere	. . .	»	»	»	. . .	correre
Parere	. . .	»	»	»	. . .	parere
Piacere	. . .	»	»	»	. . .	piacere
Rincrescere	. . .	»	»	»	. . .	crescere
Sembrare	. . .	»	»	»	. . .	parlare
Spettare	. . .	»	»	»	. . .	parlare
Succedere	. . .	»	»	»	. . .	concedere

1. Al futuro semplice e al presente del condizionale fa rispettivamente *pioverà* e *pioverebbe.*

VERBI DIFETTIVI

Si dicono difettivi quei verbi che, non avendo l'intera coniugazione, sono usati soltanto in alcune voci.

(Verbo)	(nel significato di)	(usato nelle voci)
addirsi	*convenire*	si addice, si addiceva, si addica, addirsi.
aggradare	*gradire*	aggrada.
angere	*angustiare*	ange, angeva.
arrogere	*aggiungere*	arroge, arrogi.
aulire	*mandare odore*	aulisce, auliva, aulivano, aulente.
calere	*importare*	cale.
capire	*entrare*	cape.
constare	*risultare*	consta.
fallare	*sbagliare*	falla.
fervere	*ardere*	ferve, fervono, fervea, ferveva, fervevano, fervesse, fervente, fervendo.
gire	*andare*	giamo, gite, giva, givano, gii, gisti, gimmo, giste, gito.
incombere	*spettare*	incombe, incombono, incombeva, incombevano, incomberà, incomberanno, incomba, incombano, incomberebbe, incomberebbero, incombente, incombendo.
ire	*andare*	ite, iva, ivano, ito.
licere	*essere permesso*	lice, liceva, lecito.
lucere	*splendere*	luceva, lucevano, lucente.
molcere	*addolcire*	molce, molceva, molcesse, molcente, molcendo.
olire	*olezzare*	olisce, oliva, olente.
ostare	*impedire*	osta.
prudere	*pizzicare*	prude, prudono, prudeva, prudevano, pruderà, pruderanno, pruda, prudano, prudesse, prudessero, pruderebbe, pruderebbero, prudendo.

riedere	*ritornare*	riedo, riedi, riede, riedono, rieda, riedano.
rilucere	*risplendere*	riluceva, rilucevano, rilucente.
solere	*essere solito*	soglio, suoli, suole, sogliamo, solete, sogliono, solevo, solevi, soleva, solevamo, solevate, solevano, soglia, sogliamo, sogliate, sogliano.
tangere	*toccare*	tange, tangente.
urgere	*premere*	urge, urgono, urgeva, urgevano, urgerà, urgeranno, urgesse, urgessero, urgente, urgendo.
vertere	*volgere*	verte, vertono, verteva, vertevano, verté, verterono, verterà, verteranno, verta, vertano, vertesse, vertessero, verterebbe, verterebbero, vertente, vertendo.
vigere	*essere in vigore*	vige, vigono, vigeva, vigevano, vigerà, vigeranno, vigesse, vigessero, vigente, vigendo.

I seguenti verbi, che non hanno *participio passato*, si coniugano in tutti i tempi semplici come il verbo segnato a fianco:

Cernere	. . .	si coniuga come	. . .	temere
Competere	. . .	»	»	»	. . .	temere
Concernere[1]	. . .	»	»	»	. . .	temere
Convergere	. . .	»	»	»	. . .	emergere
Delinquere	. . .	»	»	»	. . .	temere
Dirimere	. . .	»	»	»	. . .	temere
Discernere	. . .	»	»	»	. . .	temere
Divergere	. . .	»	»	»	. . .	emergere
Esimere	. . .	»	»	»	. . .	temere
Espandere	. . .	»	»	»	. . .	temere
Fulgere	. . .	»	»	»	. . .	rifulgere
Fungere	. . .	»	»	»	. . .	pungere
Indulgere	. . .	»	»	»	. . .	rifulgere
Scernere	. . .	»	»	»	. . .	temere
Spandere	. . .	»	»	»	. . .	temere
Stridere	. . .	»	»	»	. . .	temere
Suggere[1]	. . .	»	»	»	. . .	temere

1. Non ha il passato remoto.

INDICE-ELENCO ALFABETICO
DEI VERBI TRATTATI

A

S

Stampato presso la NEW AGEL di Rescaldina (MI). 4/94